AF318617

UNIVERSITÉ DE PARIS — FACULTÉ DE DROIT

DE
L'ACTION " DE IN REM VERSO "
EN DROIT CIVIL FRANÇAIS

THÈSE POUR LE DOCTORAT

présentée et soutenue

le Samedi 10 Juin 1899, à 8 heures 1/2

PAR

Georges RAYNAUD

AVOCAT A LA COUR D'APPEL

PARIS

LIBRAIRIE NOUVELLE DE DROIT ET DE JURISPRUDENCE

ARTHUR ROUSSEAU

ÉDITEUR

14, rue Soufflot, et rue Toullier, 13

1899

THÈSE

POUR LE

DOCTORAT

UNIVERSITÉ DE PARIS — FACULTÉ DE DROIT

DE
L'ACTION " DE IN REM VERSO "
EN DROIT CIVIL FRANÇAIS

THÈSE POUR LE DOCTORAT

L'ACTE PUBLIC SUR LES MATIÈRES CI-APRÈS
Sera soutenu le Samedi 10 Juin 1899, à 8 heures 1/2

PAR

Georges RAYNAUD
AVOCAT A LA COUR D'APPEL

Président : M. BOISTEL.
Suffragants : { MM. LÉON MICHEL, PLANIOL, } *professeurs.*

PARIS
LIBRAIRIE NOUVELLE DE DROIT ET DE JURISPRUDENCE
ARTHUR ROUSSEAU
ÉDITEUR
14, rue Soufflot, et rue Toullier, 13

1899

À LA MÉMOIRE

DE MON PÈRE

INTRODUCTION

—

Nul ne doit s'enrichir sans cause légitime
aux dépens d'autrui.

A la base de toute législation, si compliquée soit-elle, il n'existe qu'un petit nombre de principes élémentaires et essentiels.

Parmi ces principes, qui constituent le fond même du droit, mérite assurément de figurer cette maxime éternellement vraie qui défend qu'on s'enrichisse injustement aux dépens d'autrui.

Elle n'est pourtant expressément énoncée nulle part dans nos lois. Il est étrange d'en constater l'absence au Code civil français.

Faut-il incriminer le législateur ?

Recherchons les causes de son silence.

G. R. 1

Notre savant maître M. Boistel nous renseigne sur ses intentions et nous explique son laconisme (1).

Les rédacteurs de nos Codes avaient manifesté en tête du projet de Code civil leur foi en un droit naturel supérieur au droit positif, et modèle de tous les législateurs. « En effet, le livre préliminaire par lequel, dans ce projet, devait débuter le Code civil, et qui devait servir de préface à tous nos Codes, contenait absolument en tête, au titre I, art. 1ᵉʳ, la disposition suivante : « Il existe un droit universel et immuable, source de toutes les lois positives ; il n'est que la raison naturelle en tant qu'elle gouverne les hommes. » (Voir Fenet, *Trav. prép.*, t. II, p. 1). On sait que, si ce livre préliminaire contenant au projet un grand nombre d'articles, répartis en plusieurs titres, a été réduit et ramené aux proportions d'un titre unique, c'est uniquement par la considération que ses dispositions avaient pour la plupart un caractère trop théorique et pas assez pratique. Mais les idées qui y étaient formulées n'ont jamais été contredites dans les délibérations des rédacteurs du Code. Elles représentent leur pensée à n'en pas douter. On constate d'ailleurs à chaque page des discussions qu'ils avaient, comme l'immense majorité des hommes, la ferme croyance dans l'existence au sein de la raison humaine des règles fondamentales

____

(1) *Cours de philosophie du droit*, 1899, Préface, page IX.

de la morale et du droit ; qu'ils ramenaient leur propre rôle à rechercher consciencieusement ces règles de l'équité naturelle, à les formuler avec précision, à en suivre les applications exactes au milieu de la lutte des intérêts opposés, à travers les complications de la vie journalière et des affaires. »

Nous trouverons des traces nombreuses de ce souci, dans des dispositions éparses, et que nous aurons à grouper, mais elles ne sauraient effacer la grave omission que nous venons de signaler.

C'est pour la combler que les interprètes ont été reprendre une vieille dénomination, qui fait une singulière figure dans notre vocabulaire juridique, et qui, si elle désigne exactement le but qu'elle vise, se trouve aujourd'hui bien détournée de son sens primitif.

L'action *de in rem verso*, c'est-à-dire l'action pour ce qui a tourné au profit, s'est ainsi trouvée consacrée par l'usage à la poursuite de l'enrichissement sans cause.

Un exemple emprunté à la jurisprudence (1), va nous montrer son intérêt et ses résultats.

A la demande d'un locataire, un ouvrier exécute sur la chose louée des travaux indispensables à sa conservation. Aussitôt après leur achèvement, le locataire devient insolvable et disparaît, et l'ouvrier

____

(1) Dalloz, *Périod.*, 97, 2, 332.

ne peut songer à lui demander son paiement. Mais le propriétaire qui reprend sa chose grâce au travail de l'ouvrier et avec les améliorations qu'il lui a apportées, s'enrichit du fait de ce dernier sans aucune juste cause. Notre ouvrier peut-il lui demander de lui rembourser au moins la valeur dont il s'enrichit ? Aucun texte ne lui fournit un moyen pratique de l'obtenir.

La doctrine et la jurisprudence lui accordent l'action *de in rem verso*.

Cet intérêt supérieur de notre action, dont nous verrons plus loin les manifestations multiples, explique la faveur de plus en plus grande qui l'accueille non seulement chez les auteurs, mais aussi auprès des tribunaux qui l'avaient longtemps négligée.

Cependant, si l'on est à peu près d'accord sur son rôle, la question est toujours ouverte de rechercher sa nature et ses conditions juridiques, et d'en grouper les effets.

C'est ce que nous essaierons de faire en remontant d'abord aux sources d'où découle la tradition, pour examiner sous quelle forme l'action *de in rem verso* est apparue en droit romain, et nous suivrons rapidement ses traces dans l'ancien droit français. Nous verrons ensuite comment elle pénètre dans notre droit moderne.

Après ces simples indications historiques, nous étudierons son fondement dans le droit civil, son principe, ses règles.

Enfin nous passerons en revue ses principales applications, ce qui nous permettra de vérifier sur les textes formels du Code la théorie de la *versio in rem*, et de donner aux cas imprévus une solution justifiée.

Le problème de l'enrichissement sans cause aura été ainsi envisagé historiquement, théoriquement et pratiquement.

PREMIÈRE PARTIE

—

ÉTUDE HISTORIQUE

CHAPITRE PREMIER

DROIT ROMAIN (1)

ORIGINE DE L'ACTION « DE IN REM VERSO ». — DROIT
CLASSIQUE. — DROIT DE JUSTINIEN.

—

L'action *de in rem verso* trouve son origine à Rome
dans le droit classique.

Ce sont les conséquences trop rigoureuses auxquelles aboutissait la combinaison de certains principes du droit des obligations et du droit de la famille,
qui ont déterminé son apparition.

« L'obligation, en particulier l'obligation contractuelle, ne crée de droit à l'exécution, ne produit
effet qu'entre les parties, au profit exclusif du créan-

(1) Voir sur ce sujet : *De l'action « de in rem verso » en Droit
romain,* Chalvet, thèse, Toulouse, 1856.

cier, à la charge exclusive du débiteur. Elle ne peut à Rome produire effet ni à l'encontre d'un tiers, ni au profit d'un tiers, et cela, croyons-nous, pour un motif très simple : parce qu'on n'a pas encore inventé l'idée qu'un lien formé entre deux personnes puisse être opposé en dehors d'elles par un autre que le créancier à un autre que le débiteur (1). »

C'est ce que nous appelons le système de la non-représentation. Mais le Droit civil lui-même y avait dérogé en partie de toute antiquité (2) en établissant le droit pour le *pater familias* de devenir créancier par les personnes soumises à sa puissance et de profiter de toutes leurs acquisitions.

Il ne restait donc plus que l'impossibilité pour le père de famille de devenir débiteur par l'intermédiaire de ses enfants ou de ses esclaves.

Ce régime qui avait le double inconvénient de mettre les personnes en puissance hors d'état de contracter et de violer manifestement l'équité, a été de bonne heure modifié par le droit prétorien, qui est venu au secours des créanciers du fils et de l'esclave, en leur accordant plusieurs actions contre le père et le maître.

Selon le principe qui leur a servi de fondement, ces actions se divisent en deux groupes : dans l'un

(1) Girard, *Manuel élémentaire de Droit romain*, page 642.
(2) « dès avant la fin de la République », *ib.*, page 91.

elles reposent sur cette idée que le maître a donné à l'esclave un mandat ou un *jussum* de contracter, et c'est en vertu de ce mandat ou de ce *jussum* que le maître est obligé : *Actio exercitoria, institoria, quod jussu, tributoria.*

En dehors de ces hypothèses, et d'après cette considération que le maître s'est enrichi du fait de l'esclave soit indirectement par le pécule (1) de ce dernier, soit directement, les créanciers peuvent le poursuivre par l'action *de peculio* et *de in rem verso*, c'est-à-dire au sujet et jusqu'à concurrence du pécule de la personne en puissance, et de ce qui a tourné au profit du maître.

Voilà notre action à son origine.

Remarquons immédiatement qu'il n'y a pas une action distincte *de in rem verso*, mais une action unique à la fois *de peculio* et *de in rem verso* avec deux chefs de condamnation différents (2).

En outre, cette action, de même que toutes celles que nous venons d'énumérer, n'en est pas véritablement une ; elle ne mérite pas ce nom. « Les actions

______

(1) Il s'agit du pécule profectice dont le *pater familias* conserve la propriété, tandis que la personne en puissance n'en a que l'administration.

(2) La question est controversée. Cependant les expressions de Gaius (Com. IV, § 73) reproduites par Justinien (*Inst.*, liv. IV, tit. VII, *quod cum eo)* paraissent décisives : « *Præterea introducta est actio de peculio deque eo quod in rem patris dominive versum erit,..... Licet enim una est actio qua de peculio, deque eo*

que le préteur accorde ainsi ne forment point des espèces particulières ; ce sont tout simplement les actions ordinaires résultant des contrats intervenus entre le demandeur et les personnes soumises à la puissance du défendeur. Les expressions *quod jussu*, etc., *de in rem verso,* ne sont pas des noms d'actions, mais de simples locutions adjectives que l'on ajoute au nom des actions et qui entraient dans la rédaction des formules pour indiquer soit la circonstance qui motive l'exercice de l'action contre le père de famille, soit la limite que le juge ne devait pas franchir en condamnant (1). »

C'est dans cet esprit que les commentateurs ont désigné ces actions sous le nom générique étranger au Droit romain d'*actiones adjeciciæ qualitatis*.

Comment va fonctionner cette action *de peculio* et *de in rem verso ?* Le créancier, avons-nous dit, l'intentera contre le maître à raison du pécule de l'esclave

quod in rem patris dominive versum sit, agitur, tamen duas habet condemnationes ».

En notre sens, Girard, op. cit., page 647,

Accarias, 4e édition, tome II, § 882.

Bonjean, *Traité des Actions,* 1845, tome II, page 291.

Contrà Maynz implicitement, *Cours de Droit romain*, 3e édit., tome II, page 244.

Van Wetter, *Les obligations en Droit romain*, 1886, tome III, page 20 et suiv.

D'après Chalvet, *thèse,* op. cit., page 156, le préteur aurait introduit l'action *de in rem verso* pour suppléer celle *de peculio.*

(1) Bonjean, op. cit., tome II, § 306.

ou du profit qu'il aura retiré des actes juridiques de cet esclave (1).

Le juge examinera d'abord si le maître a profité du contrat, ce qui sera réputé avoir eu lieu toutes les fois que l'esclave aura fait pour lui une dépense nécessaire ou utile, et dans quelle mesure le profit a été réalisé. C'est le *de in rem verso*. — Si le maître n'a pas profité ou que le profit réalisé par lui est insuffisant à désintéresser le créancier, celui-ci obtiendra satisfaction sur le pécule : *de peculio*. Mais le créancier agira uniquement *de in rem verso*, lorsqu'il n'y a rien dans le pécule ou que l'esclave est mort affranchi ou qu'il a été aliéné depuis plus d'une année utile.

Enfin tous les créanciers de l'esclave concourent sur le pécule, tandis que celui-là seul qui a créé *l'in rem versum*, peut agir de ce chef.

Pouvons-nons préciser un peu plus les conditions de notre action, et en établir le criterium ?

Les Institutes qui jusqu'ici nous ont renseigné (2), gardent le silence, mais Ulpien paraît avoir posé une règle générale :

« *Et regulariter dicimus, totiens de in rem ver-*

---

(1) Les différences existant entre la capacité des esclaves et celle des fils de famille ne touchant pas directement à notre action, nous parlons, indistinctement, et conformément à l'usage, du *pater familias* obligé par les uns ou les autres.

(2) *Instit.* (livre IV, tit. VII, *quod cum eo*).

so esse actionem, in quibus casibus procurator mandati, vel qui negotia gessit, negotiorum gestorum haberet actionem, quotiensque aliquid comsumpsit servus, ut aut meliorem rem dominus habuerit, aut non deteriorem (1). »

Nous traduisons : Il y a lieu de dire que l'action *de in rem verso* existe dans tous les cas où le mandataire aurait l'action de mandat, ou le gérant d'affaires l'action de la gestion d'affaires (2), et toutes les fois que l'esclave a employé ce qu'il a reçu à améliorer la chose du maître ou à la réparer.

Quelle est la portée de ce texte qui donne matière à controverse ?

Faut-il décider, avec une doctrine dont nous aurons surtout à nous occuper en droit français (3), qu'il subordonne absolument l'action *de in rem verso* à l'action de gestion d'affaires, et qu'il prouve ainsi que la première n'a été qu'un prolongement, qu'un dérivé de la seconde ?

Nous ne le croyons pas ; il résulterait en effet de cette théorie, que si l'esclave n'a pas réuni les conditions du quasi-contrat de gestion d'affaires, s'il n'a

(1) D. 15, 3, *de in rem verso*, L. 3, § 2.

(2) On peut supposer aussi qu'il s'agit d'un mandataire ayant agi en dehors des limites de son mandat et qui par conséquent ne peut jouir de l'action mandati mais seulement de l'action *negotiorum gestorum.*

(3) Voir pages 54 et suiv.

pas eu notamment l'intention de gérer le patrimoine du maître, le tiers n'aura pas d'action.

Est-ce bien le but qu'avait visé le préteur ? Il est d'autant plus permis d'en douter, que, en dehors du silence des Instituts sur un point aussi important, certains fragments du Digeste se concilient assez mal avec celui d'Ulpien ainsi entendu (1).

Le texte du jurisconsulte ne nous paraît donc pas contenir une définition de principe d'une véritable portée doctrinale, mais plutôt une simple explication du mécanisme de l'action, par comparaison avec la gestion d'affaires dont les analogies avec la *versio in rem* sont en effet très grandes. D'ailleurs la dernière partie du texte, *quotiensque aliquid consumpsit servus*, semble bien n'envisager que l'utilité finale de l'opération de l'esclave.

L'action *de in rem verso* a son principe propre, l'enrichissement injuste du maître; cet enrichissement il est vrai est en général procuré par une gestion utile de l'esclave ; cela n'atteint pas la nature de l'action.

Dans une autre opinion, on considère bien comme une règle le texte d'Ulpien, mais on limite cette règle

______

(1) D. 15, 3, *de in rem verso*, L. 3, *pr.* et § 1. H. tit., L. 5, § 3 ; L. 7, § 3.

Van Wetter, op. cit., t. III, page 310, § 193, note 1, va jusqu'à dire que la règle d'Ulpien ne s'applique pas « si le gérant est sous la puissance du maître ». Nous ne pouvons partager cette opinion, puisqu'il est douteux que l'action *de in rem verso* entre personnes libres ait existé au temps d'Ulpien.

par des exceptions en donnant l'action *de in rem verso* alors même que l'esclave ou le fils auraient agi sans intention de faire profiter le maître (1). Ce serait alors une action utile, dont nous avons un exemple au Digeste dans un passage de *Scævola* sur lequel les commentateurs se sont fort exercés (2).

On range l'action *de in rem verso* dans la catégorie des actions *prétoriennes, in personam, in factum* ; perpétuelle quant au chef de l'*in rem versum*, et non *in solidum*, mais *in quantum locupletiorem*.

Telle est l'action *de in rem verso* du droit classique où elle ne joue encore qu'un rôle bien modeste : elle n'est rien par elle-même que la qualité qui affecte une autre action ; qu'une indication donnée par le préteur au juge sur le montant de la condamnation ; elle ne s'applique enfin qu'aux contrats passés par des personnes en puissance.

Mais aussi elle est la manifestation d'un progrès de l'équité sur le droit strict. Elle est déjà l'expression de ce principe général que l'enrichissement obtenu sans juste cause doit être poursuivi. C'est ce caractère qui va lui permettre de se développer, et, par un phénomène fréquent dans l'histoire des institutions juridiques, de survivre à l'état économique qui lui avait donné naissance : Le droit spécial de la

----

. (1) C'est le sentiment de Pothier : *Pandectes* de Justinien mises dans un nouvel ordre, trad. Bréard-Neuville, tome VI, p. 203.

(2) D. L. 15, 3, *de in rem verso*, L. 20.

famille romaine pourra disparaître, l'action *de in rem verso* n'en persistera pas moins, et avec une bien autre ampleur qu'à son origine.

Il nous faudrait, maintenant que nous connaissons notre action à son point de départ, la suivre pas à pas dans le chemin qu'elle va parcourir, et en marquer soigneusement toutes les étapes, pour nous élever progressivement ainsi à la notion générale dont elle finit par procéder.

Malheureusement nous ne pourrons pas être aussi précis. Dans le droit romain la question est encore bien obscure, et dès qu'on aborde la généralisation de l'action, les controverses apparaissent.

Parmi les auteurs, les uns lui donnent une extension régulière depuis l'époque classique jusqu'à Justinien. Les autres n'admettent de transformations que dans le dernier état du droit. (1)

Nous ne prendrons guère parti dans ce débat. Sans doute il peut paraître théoriquement impossible que

(1) Voir page 19, note 1.

De Ihering occupe une place à part dans cette controverse :

D'après lui (OEuvres choisies, traduction Meulenære, tome I, p. 242) « l'action d'après sa nature n'est nullement restreinte aux personnes placées sous puissance paternelle, mais... elle peut en outre être donnée, même dans d'autres cas, chaque fois qu'il s'agit de transporter l'obligation de la personne qui a conclu le contrat, à celle qui aurait été obligée de consentir à ce contrat. »

De Ihering appuie son opinion sur un texte de Scævola, D. 15, 3, *de in rem verso*, L. 20, § 1.

l'action *de in rem verso* ait perdu tout d'un coup la précision que nous venons de lui connaître pour prendre en même temps un caractère général.

Il est infiniment plus probable qu'elle a suivi la marche normale des institutions juridiques. Mais les textes qui nous permettraient d'affirmer ces transformations successives sont vagues et sujets à cautions, et les romanistes nous doivent encore là-dessus des éclaircissements.

Une chose est acquise pourtant, c'est la transformation de notre action dans le droit de Justinien. Considérons-la sous sa nouvelle forme.

La théorie des pécules compliquait à l'époque classique la notion de l'*in rem versum*. Cette entrave ne va pas tarder à disparaître : « On remarquera que, dans le droit de Justinien, l'action *de peculio* fondée sur les obligations contractées par des fils de famille est devenue peu pratique. En effet, la plupart de leurs acquisitions constituent des biens adventices dont ils n'ont ni l'administration ni la jouissance, et sur lesquels leurs obligations ne peuvent s'exécuter tant qu'ils restent *in potestate*. L'action *de peculio* leur suppose un pécule dans le sens antique du mot, c'est-à-dire composé de biens donnés par le père lui-même, hypothèse évidemment peu fréquente (1). »

(1) Accarias, tome II, page 1039.

Aussi, dans le dernier état du droit, l'action *de in rem verso* finit-elle par constituer une action distincte. Cette dérogation était fatale, et les principes y conduisaient logiquement, puisqu'ils la permettaient à l'époque classique, même quand il n'y avait pas de pécule.

Il semble bien aussi que l'on se soit peu à peu déshabitué de considérer notre action sous son caractère de locution adjective, pour en faire une action proprement dite.

Toutes ces modifications, sans être bien graves, ne laissent pas que de mettre toujours mieux en lumière le trait caractéristique de la *versio in rem*, l'enrichissement sans cause. Mais le point capital de son développement, c'est qu'elle va cesser (1) d'appar-

____

(1) C'est sur l'époque à laquelle aurait eu lieu cette extension, que se livrent surtout les controverses. D'après les uns, elle se serait produite du temps des jurisconsultes classiques comme le prouvent une décision de Papinien que nous allons retrouver (p. 20, note 1) et cette constitution de Dioclétien et Maximin : « *Alioquin si cum libero res ejus agente, cujus precibus meministi, contractum habuisti, et ejus personam elegisti, pervides contra dominum nullam te habuisse actionem, nisi vel in rem ejus pecunia processit, vel hunc contractum ratum habuit.* » C. 4, 26, *Quod cum eo*, 7, 3. Ces deux textes donnent l'action entre personnes libres.

En ce sens : Maynz, op. cit., tome II, page 244 et note 27 ; Van Wetter, op. cit., tome III, p. 312 et note 7 ; Chalvet, thèse, op. cit., p. 172 et suiv.

D'après M. Girard, op. cit., page 651, cette théorie est inexacte et les deux textes auraient subi une interpolation renversant leur sens.

tenir exclusivement au droit des personnes en puissance, pour s'appliquer à l'*in rem versum* entre personnes libres.

Quel sera le rôle de l'action ainsi transformée ? Elle sera le plus souvent donnée aux tiers qui auront contracté avec un mandataire agissant en dehors des limites de son mandat, ou un gérant d'affaires dont la gestion n'aura pas été ratifiée, contre le maître à raison de son enrichissement.

Une application de ces principes d'autant plus intéressante que nous la retrouvons en droit français est donnée par Papinien en matière de société : Lorsque des associés auront été enrichis par des actes de gestion d'un des leurs, le tiers qui aura traité avec ce dernier pourra poursuivre les coassociés.

C'est à cette nouvelle action *de in rem verso* ap-

______

(1) D., 17, 2, *Pro Socio*, L. 82.

« *Jure sociatis per socium œre alieno socius non obligatur, nisi in communem arcam pecuniæ versæ sint.* »

L'explication que nous avons adoptée est celle qui semble résulter le plus naturellement des termes du texte.

On a prétendu tirer de ces mots *jure sociatis*, cette interprétation que Papinien n'a voulu s'occuper que des rapports des associés entre eux et qu'il accorde l'action à un associé contre un autre lorsque l'un ayant par exemple emprunté de l'argent l'aurait versé à la caisse commune.

Mais que signifieraient alors les mots *per socium ?* Ils paraissent bien cependant vouloir dire qu'un associé est obligé par l'intermédiaire de son coassocié et non vis-à-vis de lui.

Pour le détail de cette controverse, voir Van Wetter, *op. cit.*, tome III, p. 113, note 20.

plicable entre personnes libres, que les commentateurs
ont donné le nom d'action utile que nous avons déjà
rencontré, pour nous la transmettre sous cette dénomination.

Nous venons de constater le développement de
l'action à Rome. Au moins dans le droit récent, son
champ d'application se trouve fort étendu. Mais, il
importe de le remarquer, elle est loin d'être le seul
moyen qui permette de poursuivre directement l'enrichissement sans cause. Les *Institutes* nous l'ap-
prennent (1), les *condictiones* n'avaient pas d'autre
but, et il est hors de doute, que la *condictio sine
causa* en particulier, donnée dans le cas où quelqu'un s'est enrichi sans cause aux dépens ou par le
fait d'une personne, jouait un rôle parallèle à l'action *de in rem verso*.

La *condictio* étant de droit civil, et ayant existé à
l'époque classique, on se trouve fort embarassé pour
expliquer et justifier la création par le préteur de
l'action *de in rem verso*.

On en donne souvent l'explication suivante : « C'est
le propre de la *condictio* de ne poursuivre que l'exécution d'une obligation civile de droit strict ; la *condictio* naît du *mutuum*, de l'obligation littérale, de
la stipulation, du legs *per damnationem*, de la dic-
tion de dot.

______

(1) *Instit.* (liv. IV, tit. VII, *quod cum eo*, § 8.)

Par extension, la jurisprudence admit que l'enrichissement sans cause par un fait même d'autrui donnait lieu à *condictio*... Mais cette action de droit strict n'était accordée que lorsque l'opération était de nature à engendrer elle-même une *condictio*, et pour cela une des conditions était que l'opération eût pour résultat une obligation unilatérale. Toutes les fois que le contrat fait par l'esclave ou le fils de famille ne donnait pas naissance à la *condictio*, l'action prétorienne *de in rem verso* reprend son importance (1). »

L'obscurité qui règne sur les *condictiones* ne permet guère d'accueillir cette explication comme certaine.

Quoiqu'il en soit, nous terminerons par cette simple conclusion :

Dans le dernier état du droit romain, l'enrichissement sans cause est presque toujours poursuivi. Nous ne dirons pas *toujours*, puisqu'il reste encore quelques cas, fort rares à la vérité, et prévus par un texte, où ce recours est nié (2). Que le moyen employé consiste dans l'action *de in rem verso*, dans la *condictio sine causa* ou dans la foule des actions

____

(1) Chalvet, op. cit., pages 162 et suiv.

En ce sens : Ortolan, tome III, n° 2248 ; Bonjean, op. cit., § 308.

(2) Voir Girard, op. cit., page 605 et note 2.

qualifiées d'utiles (1), il reste peu de cas qui échappent à la poursuite de l'équité. Si la théorie de l'enrichissement sans cause n'a pas été complètement formulée, on se l'explique aisément : « L'équité demanda sa part d'influence, non comme une souveraine qui veut déposséder un usurpateur, mais comme une compagne qui cache sous des dehors timides ses vues de domination. Les jurisconsultes la dépeignent de préférence comme un supplément du droit qui n'a pas tout prévu, comme un adoucissement de ses dispositions dans les cas douteux..... Aussi le droit, depuis l'époque de Cicéron, est-il une lutte incessante ; ces deux éléments sont aux prises (2). »

De ce triomphe de l'équité, nous trouvons le témoignage au Digeste, titre *de Regulis juris*, non seulement dans la maxime célèbre de Paul : « *In omnibus tamen, maxime quidem in jure, œquitas spectanda est* (3) », mais surtout dans celle que Pomponius avait déjà formulée au temps des Antonins, qui dominera toujours désormais l'action *de in rem*

----

(1) « Nous ne connaissons point chez les Romains d'exemple de refus définitif d'une extension, lorsqu'elle est réclamée par l'équité, de tel ou tel mode de recours, sous forme d'*actio utilis.* »

Ortolan, tome I.

Appendice IV *in fine* (Labbé).

(2) Troplong, *De l'influence du christianisme sur le Droit civil des Romains*, p. 94.

(3) D., L. 50, t. 17. *De diversis regulis juris antiqui*, L. 90.

verso, et qui sera considérée en droit français comme son expression définitive : « *Jure naturæ æquum est, neminem cum alterius detrimento et injuria fieri locupletiorem* (1). »

(1) D. H. t. L. 206.

CHAPITRE II

ANCIEN DROIT FRANÇAIS

POTHIER.

—

Qu'un principe aussi général et aussi équitable que celui qui défend de s'enrichir aux dépens d'autrui ait passé dans notre Ancien Droit, rien de plus naturel.

La merveilleuse survivance du droit romain à l'Empire nous en fournit encore la raison décisive : « La théorie des quasi-contrats ne s'est nettement établie dans nos coutumiers que par des emprunts faits au droit romain (1). »

En enrichissant de leurs commentaires les textes

(1) Glasson, *Histoire du Droit et des Institutions de la France*, ome 7, page 687.

romains qui leur étaient parvenus, les romanistes contribuèrent pour leur part à maintenir la tradition qu'ils dirigèrent surtout du côté de l'action *de in rem verso* utile.

Enfin le régime romain de la *patria potestas* s'était transmis chez nous, peut-être même dans les pays de coutumes, pour se prolonger jusqu'à la veille de la Révolution, au moins en ce qui concerne les biens, dans les pays de droit écrit, et cela d'autant plus facilement que « dans les vieilles coutumes germaniques aussi, l'enfant ne possédait rien et tout ce qu'il acquérait profitait au père » (1). Quoique son champ d'exercice se soit trouvé restreint par l'abolition de l'esclavage et la pratique des émancipations tacites, l'action *de in rem verso* du droit romain classique a dû par conséquent longtemps s'appliquer (2).

Cependant, il ne paraît pas que nos anciens civilistes aient formellement donné place à une action *de in rem verso*. Sans doute nous trouvons chez eux le fondement de ce que nous entendons aujourd'hui désigner sous ce nom. Mais leur doctrine n'est ni précise ni complète et elle se recommande des maximes fort belles mais un peu vagues du titre *de Re-*

_____

(1) Glasson, op. cit., page 179.

(2) Voir sur ce point : Viollet, *Histoire du Droit français*, 2ᵉ édition, page 525 ; Glasson, op. cit., tome 7, page 117.

gulis juris du Digeste plutôt que des principes nets
et rigoureux du droit classique (1).

Examinons-la chez Pothier qui résume ses prédé-
cesseurs en préparant le Code civil.

Etd'abord comment la question se pose-t-elle à
ses yeux?

Il s'agit de savoir si le gérant d'affaire qui a agi
malgré la défense du maître aura une action pour répéter ses déboursés : Vieille question longuement
traitée et diversement résolue à Rome, et que nous
retrouverons sous le Code civil (2). Conformément
à la décision de Justinien, Pothier admet qu'il n'y a
pas lieu à l'action de gestion d'affaires ; mais il se
demande alors si le gérant devra perdre ainsi les
frais employés à cette gestion, tandis que le maître
en aura profité :

« Cela ne résiste-t-il pas à l'équité naturelle qui ne
permet pas que vous puissiez vous enrichir à mes
dépens? *Neminem œquum est cum detrimento alterius locupletari.* Cette équité ne doit-elle pas venir
à mon secours? et à défaut de l'action *contraria
negotiorum gestorum*, que je n'ai pas, ne doit-elle

(1) Domat prête surtout à cette critique.

(2) Voir infrà, IIIᵉ partie, chap. III.

Quelques jurisconsultes romains accordaient au gérant l'action
negot. gestor., directe ou utile. Justinien, s'appuyant sur l'opinion
de Julien, décida que le gérant n'aurait aucune espèce d'action
pour tous les actes faits depuis le jour où l'opposition du maître
lui aurait été signifiée (L. 24. C., De *negot gest.*, II, 19).

pas me donner pour la répétition de la somme que j'ai payée, et dont vous avez profité, l'action générale *in factum*, action qui a lieu *quoties alia actio deficit?*

Les docteurs sont partagés sur cette question.

Elle doit souffrir moins de difficulté dans notre jurisprudence française, où l'on ne s'attache pas au nom des actions, et où l'équité naturelle est seule suffisante pour produire une obligation civile et une action. Or lorsque vous profitez d'une affaire que j'ai faite, quoique contre votre défense, pour vous faire du bien malgré vous, l'équité naturelle, qui ne permet pas de s'enrichir aux dépens d'autrui, vous oblige à m'indemniser de ce qu'il m'en a coûté, jusqu'à concurrence du profit que vous en retirerez (1). »

D'après Pothier, l'équité exige donc qu'une action soit donnée lorsque celle de la gestion d'affaires ne peut prendre naissance. Il va faire une autre application de cette idée, lorsqu'une personne ayant effectivement géré l'affaire d'un autre, a cru ne faire que la sienne. Dans ce cas, « selon la subtilité du droit », l'action de gestion d'affaires ne prend pas naissance, « mais l'équité qui ne permet pas qu'on s'enrichisse aux dépens d'autrui, m'accorde contre la subtilité du droit une action » (2).

(1) Pothier, édit. Bugnet.
Du quasi-contrat *negotiorum gestorum*, tome V, nᵒ 181 et suiv.
(2) Pothier, op. cit., nᵒ 189.

Après avoir indiqué la différence entre l'action de gestion d'affaires, qui est donnée pour le tout, et l'action spéciale donnée dans la limite du profit, Pothier continue à appliquer cette dernière dans une foule de cas où celle de la gestion d'affaires est inapplicable. Il est inutile de le suivre, nous retrouverons ces hypothèses en Droit français.

Mais il importe de remarquer que Pothier ne se borne pas à donner cette action pour suppléer celle de la gestion d'affaires. Nous allons la rencontrer dans des domaines bien différents. C'est ainsi qu'après avoir passé en revue les différentes décisions des jurisconsultes romains, refusant toute action à celui qui a fait des dépenses sur un fonds qu'il croyait lui appartenir, il les explique par le formalisme romain et les repousse. « Dans notre jurisprudence française, qui n'admet pas les subtilités du Droit romain, et qui regarde la seule équité comme suffisante pour produire une obligation civile et pour donner une action, il ne doit pas être douteux que dans l'espèce des lois..... (romaines), celui qui a fait des impenses dont je profite doit avoir action contre moi jusqu'à concurrence de ce que j'en profite (1) (2) ».

(1) Pothier, op. cit., tome V, du quasi-contrat *negot. gest.*, n° 192.

(2) Cette décision de Pothier a passé dans le Code civil, art. 555 ; il n'en est pas de même de la solution analogue qu'il donnait dans

C'est encore le même système en matière d'incapacité. Selon la coutume de Paris (art. 234) : « Une femme mariée ne se peut obliger sans le consentement de son mari, si elle n'est séparée ou marchande publique. » C'est donc que la femme est frappée d'incapacité générale. « Mais, ajoute Pothier, à l'égard des obligations que nous contractons sans aucun fait de notre part, la femme est capable de ces obligations, comme toute autre personne, sans le consentement du mari. » Telles sont entre autres les obligations « que la loi seule ou l'équité seule produit ».

Si par exemple une femme emprunte sans autorisation, et qu'elle tire profit du prêt, l'action du contrat de prêt ne naîtra pas, mais « la loi naturelle indépendamment d'aucun contrat » suffira pour obliger la femme à restituer son enrichissement (1).

C'est notre futur article 1312 du Code civil, de même que nous allons rencontrer notre article 1864 au sujet des sociétés. Les associés sont-ils tenus des dettes contractées par l'un d'eux? (Il s'agit des sociétés civiles, les sociétés de commerce étant régies par l'ordonnance de 1673). En principe non, dit Pothier : « si néanmoins il était justifié ou que son associé lui

l'hypothèse qui a fait l'objet de l'article 585 concernant l'usufruitier et que le Code a rejetée.

(1) Pothier, op. cit., *Traité de la puissance du mari*, t. VII, n° 50,

eût donné effectivement pouvoir *ou que la dette eût tourné au profit de la société*, l'autre associé serait tenu de la dette envers le créancier, pour la part qu'il a dans la société (1). »

Résumons maintenant le système de Pothier sur cette action *de in rem verso* qu'il ne nomme pas (2), nous l'avons vu : C'est une action générale *in factum*, fondée sur l'équité naturelle, qui a lieu *quoties alia actio deficit*, quand l'action spéciale du contrat ne peut pas naître, et qui se donne dans les limites de l'enrichissement. Doctrine un peu vague et qui présente le caractère de décisions particulières plutôt qu'une vue d'ensemble précise et sûre. Il est vrai que nous sommes avec Pothier dans une législation coutumière ; la question va changer de face en arrivant au Code civil.

(1) Pothier, op. cit., *Traité du contrat de société*, tome 4, nᵒ 103 et suiv.

(2) Le silence de Pothier est d'autant plus singulier, que dans son grand ouvrage sur les « *Pandectes* de Justinien mises dans un nouvel ordre », il s'est occupé longuement de l'action *de in rem verso* romaine.

CHAPITRE III

L'ACTION « DE IN REM VERSO » DEPUIS LE CODE CIVIL

DOCTRINE ET JURISPRUDENCE.

—

Il appartenait au législateur de 1804, à qui Pothier, son guide habituel, donnait, nous venons de le
voir, sinon la théorie complète de l'enrichissement
sans cause, du moins des indications précieuses
sur sa notion, de la faire passer dans nos lois avec
sa formule définitive.

Ce ne sont pas certainement les intentions qui ont
fait défaut aux auteurs du Code civil. Un coup d'œil
sur les travaux préparatoires suffit à le montrer.
Dans son exposé des motifs du titre des engagements
qui se forment sans convention, le Conseiller d'État
Treilhard déclarait : « La loi doit vouloir pour nous
ce que nous voudrions nous-mêmes si nous étions

justes, et elle suppose entre les hommes, dans les cas imprévus, les obligations nécessaires pour le maintien de l'ordre social (1). »

Mais si ces paroles s'inspirent d'un sentiment très profond de ce que doit être la loi, l'exécution n'a pas correspondu à la promesse, et quoique le prétende le tribun Tarrible, affirmant que le titre dont il est question « embrasse tous les engagements dans lesquels la convention n'a interposé ni sa foi, ni son lien » (2), il faut bien faire cette constatation que le Code a passé sous silence les règles élémentaires de ces engagements.

Ce reproche s'ajoute aux nombreuses critiques auxquelles a donné lieu ce titre IV du livre III, soit pour cette expression défectueuse de quasi-contrat, soit pour les imperfections multiples de sa rédaction (3). Et cette partie de l'œuvre du législateur, loin de mériter les éloges auxquels il paraissait s'attendre (4), ne semble pas avoir été traitée avec l'ampleur et la précision désirables.

La question de l'enrichissement sans cause n'allait cependant pas tarder à se poser, et c'est à la doc-

(1) Fenet, *Travaux préparatoires*, tome XIII, page 464.
(2) Fenet, op. cit., tome XIII, p. 490.
(3) Voir pages 71 et suiv.
(4) Après avoir critiqué les prétendues erreurs de la doctrine romaine sur notre sujet, Tarrible expose les difficultés d'en embrasser tous les éléments et d'en pénétrer les causes et il conclut en ces termes : « *Le projet de loi a parfaitement saisi ces diverses*

trine que revient entièrement le mérite de l'avoir résolue.

L'action *de in rem verso* apparaît chez Merlin à propos d'une affaire de société de commerce sur laquelle ce jurisconsulte aurait donné son avis à l'audience de la Cour de cassation section des requêtes le 28 germinal an XII, et qui se trouve rapportée dans ses « Questions de Droit » (1). D'après Merlin, l'Ordonnance de 1673, titre 4, article 7, en décidant que les associés ne sont tenus des obligations contractées par l'un d'eux, que si celui-ci a signé de la signature sociale, n'aurait visé que les sociétés ordinaires. Mais pour les sociétés anonymes, il faudrait uniquement se préoccuper de l'emploi des fonds, et, lorsque cet emploi aurait été utile à la société, il y aurait dans cette seule considération motif à une action. « Aussi, dit-il, cette action n'est-elle pas *de contractu*, mais *de in rem verso;* et elle n'a point d'autre principe que cette règle du droit naturel qui défend à tout homme de s'enrichir aux dépens d'autrui. »

Sans apprécier, pour le moment, la valeur du système de Merlin sur le point spécial des obligations

nuances, *et les a exposées dans un ordre lumineux.* » (Fenet, tome XIII, page 480.) Cette déclaration paraît bien imprudente.

(1) Merlin, *Recueil alphabétique de Questions de droit.*
V° Sociétés, § II.

des associés à l'égard des tiers (1), il importe de signaler la liaison, désormais établie par lui, entre l'action *de in rem verso* et l'enrichissement injuste. A une règle générale de droit, il donne, selon l'usage, une qualification romaine. A tort ou à raison cette qualification a été adoptée par la doctrine (2).

Mais logiquement il fallait alors l'appliquer à tous les cas où l'on se trouvait en présence d'un profit réalisé injustement en dehors de tout contrat.

Cependant la théorie de Merlin ne s'est pas généralisée immédiatement, et les auteurs qui le suivent de près se contentent de reprendre son système en matière de société, sans songer à l'étendre à d'autres hypothèses.

C'est ainsi que Duranton qui traite de l'action *de in rem verso* sous l'acticle 1864 du Code civil, n'en parle pas à l'occasion des engagements qui se forment sans convention (3).

Cela frappe tout autant chez Toullier, qui, dans son étude approfondie des quasi-contrats au cours de laquelle il donne une formule très heureuse de notre action (4), ne la nomme pas, tandis que son conti-

---

(1) Voir infrà, 3e partie, chap. IV.
(2) Voir pages 68 et suiv.
(3) Duranton, *Cours de Droit français suivant le Code civil,* 1831, tome 13, § 647 et suiv., et t. 17, § 448.
(4) Voir page 75.

nuateur Duvergier la mentionne lorsqu'il traite des sociétés (1).

Il en est de même encore chez Marcadé (2).

La généralisation s'imposait pourtant, et il n'y avait aucune raison, si on employait cette expression d'action *de in rem verso* dans une hypothèse, pour ne pas en user dans une autre identique.

Zachariæ l'a bien compris, et cet auteur a donné une théorie complète de la *versio in rem* considérée comme la sanction de l'enrichissement irrégulier (3), en commettant cependant une grave inexactitude curieuse à signaler dans l'histoire de notre action (4).

MM. Aubry et Rau ont corrigé cette erreur; et c'est sous la forme qu'ils ont définitivement attribuée à notre action qu'elle est passée dans la pratique (5).

Dans l'intervalle, Larombière avait présenté une autre conception de la *versio in rem* en la considé-

(1) Toullier, *Le Droit civil français*, suivant l'ordre du Code, 1830. — Tome XI, § 19, continué par Duvergier, tome XX, § 401.

(2) Marcadé, *Explication théorique et pratique du Code civil*, tome V, sous l'art. 1375.

(3) Zachariæ, *Cours de droit civil français*, 1re édit, 1839-44, tome IV, § 576.

(4) Il s'agit du caractère d'action réelle que Zachariæ a prêté à notre action. Voir page 77.

(5) Aubry et Rau, *Cours de Droit civil*, 4me édit., tome VI, § 578.

rant comme un dérivé de la gestion d'affaires (1).

Ce système a été repris et précisé par Demolombe (2) et Laurent (3).

Les auteurs récents inclinent plutôt pour la théorie de MM. Aubry et Rau (4).

Nous nous trouvons donc en présence de deux systèmes opposés, entre lesquels il nous faudra tout à l'heure choisir ; mais jetons auparavant un coup d'œil sur la jurisprudence.

Ce n'est que depuis quelques années que la jurisprudence s'est décidée à faire sienne l'action *de in rem verso* ; pourtant les occasions n'avaient jamais manqué où son principe était en jeu.

A partir de 1812, nous pouvons signaler des arrêts qui auraient gagné à s'inspirer de la théorie de l'*in rem versum*, puisqu'il s'agissait uniquement d'un enrichissement sans cause (5), et ils se succèdent assez nombreux surtout en matière de société et de gestion d'affaires.

---

(1) Larombière, *Théorie et pratique des obligations*, 1re édit., 1857, tome VII, sous l'art. 1375.

(2) Demolombe, *Contrats et obligations*, tome VIII, nos 48 et suiv.

(3) Laurent, *Principes de Droit civil*, tome XX, nos 333 et suiv.

(4) Baudry-Lacantinerie, *Précis de Droit civil*, tome II, § 1339 bis.
Huc, *Commentaire théorique et pratique du Code civil*, 1895, tome VIII, pages 495 et suiv.

(5) Cour d'Aix, 11 août 1812.
Journal du Palais, tome X, 1812.
Cet arrêt a décidé que des enfants sont, en cas d'insolvabilité de

Si la jurisprudence n'a pas invoqué notre action, il n'en est généralement pas résulté dans ses arrêts une violation de l'équité ; mais pour satisfaire à ses exigences, les tribunaux se sont trouvés amenés tantôt à étendre démesurément certaines notions comme celle de la gestion d'affaires, tantôt à ne motiver leurs décisions que par des considérants insignifiants.

L'influence de la doctrine et les nécessités de la pratique allaient pourtant finir par imposer l'action *de in rem verso*. En 1889 la Cour de cassation était mise en demeure de se prononcer à son sujet, et son rapporteur constatait son silence antérieur : « Qu'est-ce que l'action *de in rem verso* ? Ce n'est ni celle de Gaius ni celle de Paul et d'Ulpien. Mais on a ainsi appelé non pas dans vos arrêts (autant que nous puissions nous en souvenir), mais dans l'enseignement de l'école et dans les livres des auteurs, une action qui a pour base cette règle d'équité suivant laquelle il n'est pas permis de s'enrichir aux dépens d'autrui (1). »

leur père, personnellement obligés envers l'instituteur chez lequel ils ont été placés durant leur minorité au paiement du prix de la pension.

Une espèce du même genre est résolue par l'arrêt de Cassat., 18 août 1813. — *Journal du Palais*, tome XI, 1813 et note de Merlin.

(1) Cassation, Req., 11 juillet 1889. Rapport de M. le conseiller Rivière (Sirey, 90, 1, 97).

Cette fois encore, du reste, notre action était re-
poussée.

Enfin, en 1892, elle pénètre dans la jurisprudence
qui la définit en ces termes : « Attendu que cette action dérivant du principe d'équité, qui défend de
s'enrichir au détriment d'autrui, et n'ayant été régle-
mentée par aucun texte de nos lois, son exercice
n'est soumis à aucune condition déterminée ; qu'il
suffit, pour la rendre recevable, que le demandeur
allègue et offre d'établir l'existence d'un avantage
qu'il aurait, par un sacrifice ou un fait personnel,
procuré à celui contre lequel il agit (1). »

Si cette théorie est exacte et complète, c'est ce
que nous examinerons dans notre deuxième partie.
Retenons simplement ici la consécration formelle du
principe de l'action *de in rem verso* par la Cour de
cassation.

Cette jurisprudence se continue dans des arrêts
très récents (2).

L'action *de in rem verso* a donc passé du domaine de la doctrine dans celui de la pratique. Les

(1) Cassat., Req., 15 juin 1892.
   Dalloz, 92, 1, 596.
   Sirey, 93, 1, 281, et la note de M. Labbé.
(2) Dalloz, 95, 1, 391,
       97, 2, 332.
   Sirey, 96, 1, 397.
       98, 1, 392.

auteurs ont construit sa théorie, les tribunaux l'appliquent ; de cette collaboration doit nécessairement résulter sur notre principe l'unité de vues que nous allons essayer de dégager.

CHAPITRE PREMIER

DES FONDEMENTS RATIONNELS ET JURIDIQUES DE L'ACTION « DE IN REM VERSO ».

—

Que l'action *de in rem verso* existe, c'est le fait même que nous venons de constater. Recherchons maintenant comment se forme *rationnellement* l'obligation qu'elle sanctionne. Malgré son caractère purement théorique, cette recherche sera d'un grand intérêt pour la connaissance complète de notre action. Nous verrons ensuite comment elle peut exister *juridiquement* et quelles bases elle trouve dans notre Droit civil.

A. — L'étude historique que nous venons de parcourir nous montre l'action *de in rem verso,* à Rome aussi bien que de nos jours, intimement liée, sinon confondue avec l'équité qui la justifie et qui l'impose. Quelle idée faut-il donc attacher à ces mots d'équité naturelle et de droit naturel ? Troplong en donne la définition suivante :

« L'équité, c'est ce que d'autres ont appelé le droit naturel ; c'est ce fonds d'idées cosmopolites qui est l'apanage commun de l'humanité ; c'est ce droit, non écrit mais inné, que Dieu a gravé dans nos cœurs en caractères si profonds, qu'il survit à toutes les altérations par lesquelles l'ignorance de l'homme peut le corrompre (1). »

Ce sont bien ces principes universels et immuables que représente notre action ; mais il nous est possible de nous faire une idée plus précise de son origine. Notre savant maître, M. Boistel, vient d'analyser le principe même de l'*in rem versum* : « Une personne, par suite de certaines circonstances peu ordinaires, se trouve dans une position telle que, si elle ne fait pas un certain acte, ne fournit pas certaine prestation, elle va léser par sa faute le droit d'autrui. Elle n'a encore lésé aucun droit ; si un droit a été lésé ou a commencé de l'être, c'est par une force étrangère, sans sa volonté. Mais dorénavant, si elle n'agissait pas, le droit d'autrui serait lésé *par sa volonté*, et conséquemment par sa faute. Pour cette raison, le devoir général, ordinairement négatif, qui consiste à ne rien faire qui blesse le droit d'autrui, se trouve transformé dans le devoir juridique positif

______

(1) Troplong, op. cit., page 16.

de faire ce qu'il faut pour éviter la lésion de ce droit.

« Quelles sont les circonstances qui produiront ce résultat ? La cause la plus générale et la plus fréquente de cet état de choses, c'est ce que j'ai appelé l'enrichissement indû, ou en latin *in rem versum*. Pour une raison ou pour une autre, une fraction du patrimoine d'autrui est venue grossir le mien indûment ; si je ne restitue pas cette valeur, je retiendrai ce qui ne m'appartient pas ; je suis donc juridiquement obligé à la restitution. Mon obligation est une conséquence du droit primitif de propriété sur l'objet qui a tourné à mon profit ; mais ce droit se trouve altéré ; car, au lieu de la propriété sur cet objet, l'ancien propriétaire n'a plus qu'un droit de créance à la valeur dont j'ai profité. Quelquefois, si l'objet existe encore en nature, il en aura conservé la propriété et pourra la reprendre comme propriétaire par une action en revendication ; alors l'obligation qui m'incombe est seulement de lui en rendre la possession, et elle vient remplacer dans son patrimoine le droit qu'il avait antérieurement à en conserver la détention exclusive. On voit que l'obligation dans ce cas naît seulement d'une altération du droit du précédent propriétaire (1). »

Tel est le principe de l'obligation que l'action *de*

______

(1) *Cours de philosophie du Droit*, tome Ier, page 452.

in rem verso sanctionne. Nous en verrons plus loin les conséquences (1).

B. — Mais cette créance en restitution, quel appui trouve-t-elle dans le droit positif ? Cette équité naturelle est-elle devenue équité légale ? « Car l'équité ne saurait à elle seule sous un régime de lois codifiées comme le nôtre, devenir la source d'un droit ni d'une obligation, si l'application n'en est pas consacrée par un texte (2). »

Le Code, nous le savons, n'a pas expressément formulé la théorie de l'enrichissement illégitime.

Faut-il en conclure que l'obligation de le restituer n'a pas lieu dans notre droit, ou au moins qu'elle ne peut exister qu'à l'état de simple obligation naturelle ?

Nullement. Nous possédons à côté de l'équité d'autres éléments qui nous permettront de suppléer au silence de la loi.

Justinien avait prévu les défaillances du législateur et indiqué en même temps le moyen de réparer ses oublis lorsqu'il posait cette règle d'interprétation qui est toujours de saison : « *Non possunt omnes articuli, sigillatim legibus aut senatusconsultis*

(1) La dernière partie de la citation nous servira notamment à démontrer l'erreur de Zachariæ dont nous avons déjà parlé, page 37, et sur laquelle nous reviendrons, page 77.

(2) Demolombe, *Contrats et obligat.*, tome VIII, § 48.

*comprehendi ; sed cum in aliqua causa, sentientia
eorum manifesta est, is qui jurisdictioni præest,
ad similia procedere, atque ita jus dicere de-
bet* (1). »

C'est précisément notre cas ; puisque la notion
dont il s'agit était, nous l'avons démontré, présente
à l'esprit des auteurs du Code, nous ne manquerons
pas de dispositions particulières qui en seront inspirées. Il s'en rencontre en effet un très grand nombre
au Code civil et nous les retrouverons quand nous
aurons à envisager les applications de l'action.

Mais jetons dès maintenant un coup d'œil rapide
sur quelques-uns de ces textes, pour donner une base
positive à notre commentaire, et un intérêt pratique
aux questions théoriques.

Ils se rencontrent au Code sans aucun ordre ni
méthode ; et il est peut-être un peu artificiel de les
grouper rigoureusement. On peut cependant les réunir
sous les catégories suivantes :

1° D'une manière générale, lorsque des dépenses
ont été faites par une personne sur la chose d'autrui,
le Code reconnaît formellement à l'auteur de ces
dépenses, le droit de se faire rembourser.

Il en est ainsi à l'article 548 : « Les fruits produits
par la chose n'appartiennent au propriétaire qu'à la
charge de rembourser les frais des labours, travaux

____

(1) Dig., *De legibus*, L. 12.

et semences faits par des tiers. » Une foule d'articles appartiennent au même ordre d'idées. (555) (565 à 577) (861-862) (1381) (1634) (1673) (1890) (1947) (2175).

2° Les incapables (article 1312) sont restituables contre leurs engagements. Cette faculté aurait pourtant des conséquences iniques si l'incapable pouvait impunément s'enrichir au détriment de ceux qui ont traité avec lui. Le législateur y a pourvu. Ainsi l'article 1241, par exemple, décide que le « paiement fait à un incapable n'est point valable s'il était incapable de le recevoir, à moins que le débiteur ne prouve que la chose payée a tourné au profit du créancier ».

Le procédé du législateur est aussi net que précédemment. D'après la théorie juridique du Code sur l'incapacité, le paiement fait à un incapable « ne peut être valable, et le débiteur, bien qu'il ait payé à son créancier lui-même, est exposé à payer deux fois. L'incapacité, en effet, a pour raison d'être l'inaptitude de la personne au règlement de ses intérêts, et surtout la crainte qu'elle ne dissipe les sommes qu'elle aurait encaissées. La protection de la loi serait inefficace si les paiements faits à l'incapable étaient inattaquables parce qu'ils auraient été faits au créancier lui-même. Le motif que nous assignons à la règle conduit nécessairement à l'exception que l'article fait à cette règle. Lorsque l'incapable a profité du paiement, qu'il a raisonnablement employé la somme reçue, fait un paiement ou un placement, réparé un bâtiment au lieu de dissiper follement ce qu'il a touché, la nullité du paiement ne saurait plus se justifier; l'irrégularité du paiement n'a pas nui au créancier, et il s'enrichirait d'une manière inique au détriment du débiteur s'il exigeait de lui un second paiement » (1).

L'équité apparaît donc manifestement dans l'intention du législateur et se traduit dans le texte au point précis où l'application stricte de la règle deviendrait injuste.

Les articles 1312, 1926, 1990 s'inspirent des mêmes idées.

3° Enfin d'une manière plus générale quelques décisions expresses consacrent ce principe que la personne qui détient quelque chose sans droit doit la restituer. (Ex. art. 1235, 1376 à 1380, 554).

Tous les articles que nous venons d'énumérer ne sont pas autre chose que l'expression dans la loi positive de la maxime : « Nul ne doit s'enrichir injustement au détriment d'autrui. » Ils en fournissent, comme le dit justement Demolombe, des applications démonstratives, et doivent être étendus à tous les cas semblables (2).

---

(1) Demante et Colmet de Santerre, *Cours analytique du Code Napoléon*, tome V, § 180 bis.

(2) Demolombe, *Contrats et obligations*, tome VIII, § 49.

Cette première et essentielle justification de l'action *de in rem verso*, dans notre droit positif, se fortifie à l'autorité de la tradition qui nous a légué son principe.

Malgré une incertitude relative sur les détails, nous connaissons les grandes lignes de son rôle à Rome où elle fut une des manifestations du progrès de l'équité sur le droit strict. Sa généralisation à l'époque de Justinien coïncide avec la faveur qu'obtiennent ces maximes de droit naturel qui prennent une marche parallèle à la sienne dans notre ancien droit français jusqu'à ce qu'elles se fondent avec elle aujourd'hui pour continuer à travers notre Droit écrit le règne prétorien de l'équité.

Ce sont ces raisons, équité, textes, et tradition, qui légitiment l'existence de l'action *de in rem verso* dans notre droit.

CHAPITRE II

NATURE DE L'ACTION.

—

Le moment est venu de nous expliquer sur la nature juridique de l'action *de in rem verso*.

Que faut-il entendre sous ce nom ? De quelle source dérive-t-elle ? Quelle étendue attribuer à sa notion ? Quels sont ses caractères ?

Sur toutes ces questions de graves divergences séparent les auteurs.

Deux théories sont en présence, en effet, qui donnent à notre action une nature bien opposée.

Dans l'une, elle nous est présentée comme une action en quelque sorte auxiliaire de l'action de gestion d'affaires.

L'autre la considère comme sanction de la règle « Nul ne doit s'enrichir sans cause aux dépens d'autrui ».

Entre ces deux systèmes, prenons dès maintenant parti.

SECTION PREMIÈRE

L'ACTION « DE IN REM VERSO » CONSIDÉRÉE COMME AUXILIAIRE
DE L'ACTION DE GESTION D'AFFAIRES.

Dans une opinion qui a eu un certain succès dans la doctrine, l'action *de in rem verso* nous est présentée comme une dépendance d'un quasi-contrat, la gestion d'affaires.

Son intérêt apparaîtrait, lorsqu'un gérant d'affaires ayant agi en dehors des conditions requises pour la formation de ce quasi-contrat, se trouverait par là avoir procuré au maître de l'affaire un avantage quelconque. Ce serait le moyen pour une personne qui aurait fait par exemple les affaires d'autrui, en ne croyant faire que les siennes propres, ou ayant agi uniquement dans son intérêt personnel, de rentrer dans ses déboursés.

Les principaux tenants de ce système sont Larombière, Laurent et Demolombe.

Leur théorie nous paraît inexacte et dangereuse et nous allons nous efforcer de la réfuter, après l'avoir préalablement exposée en nous reportant autant que possible aux termes mêmes dont ces auteurs se sont servis pour exprimer leur pensée.

Inutile de reproduire l'argumentation de Larombière (1); elle a été entièrement reprise et complétée par Demolombe. L'explication, dit cet auteur, « que pour notre part nous croyons devoir proposer, consiste à dire que l'action *de in rem verso*, quoique se trouvant en dehors des conditions du quasi-contrat de gestion d'affaires, n'en doit pas moins pourtant être considérée comme une action en quelque sorte auxiliaire de l'action *negotiorum gestorum*, lorsque par une circonstance quelconque, le fait juridique qui s'est produit ne réunit pas toutes les conditions requises pour constituer le quasi-contrat de gestion d'affaires. Tel a toujours été en effet son caractère d'après les traditions les plus anciennes, et c'est là, certes, un argument considérable dans un sujet qui est entré tout entier dans nos lois modernes avec le cortège des règles romaines.

Or voici ce que disait Ulpien de l'origine et de la cause de l'action *de in rem verso* appliquée précisément à un fait irrégulier ou incomplet de gestion d'affaires : « *Totiens de in rem verso esse actionem, in quibus casibus procurator mandati, vel qui negotia gessit, negotiorum gestorum haberet ac-*

____

(1) *Théorie et pratique des obligations*, tome VII, art. 1375, n° 14.

tionem. » C'est aussi ce qu'enseignaient nos anciens jurisconsultes français (Domat et Pothier, n° 185). Et il nous semble que cette explication est assez justifiée pour continuer d'être admise aussi dans la doctrine moderne (1) ».

Avec d'autres raisons, Laurent soutient la même thèse : « En dehors des conditions requises pour la gestion d'affaires, dit-il, la loi ne donne aucune action à celui qui s'immisce dans les affaires d'autrui. Est-ce à dire qu'il faille rejeter l'action *de in rem verso ?* Non, elle est consacrée par la tradition, ce qui est déjà un puissant argument dans une matière traditionnelle. Mais cela ne suffit point, il faut prouver que les auteurs du Code ont entendu maintenir la tradition. Nous croyons qu'on peut invoquer les dispositions concernant la gestion d'affaires.

« A vrai dire, l'action de gestion d'affaires et l'action *de in rem verso* procèdent d'une même cause, d'une immixtion dans l'affaire d'autrui ; il résulte de cette immixtion un avantage pour celui dont l'affaire est gérée ; l'équité exige qu'il tienne compte de ce profit à celui qui le lui a procuré. Mais quelle sera l'étendue de son obligation ? Les deux actions se divisent ici : l'une, celle de gestion d'affaires, équivaut à l'action de mandat ; l'autre, celle *de in rem verso,* est limitée au profit fait.

____

(1) Demolombe, *Contrats et obligations*, tome VIII, § 49.

« Cela n'empêche pas qu'il n'y ait analogie entre les deux faits juridiques : il y a plus qu'analogie, il y a identité quant à la cause, en ce sens que l'équité qui est le fondement des quasi-contrats, est aussi le fondement de l'action *de in rem verso* (1). »

Si l'on extrait de ces passages les raisons invoquées par leurs auteurs pour établir leur opinion, on trouve qu'elles se résument dans trois arguments :

I. Argument tiré de la tradition.

II. Argument tiré de l'impossibilité d'établir d'une autre manière le fondement de l'action *de in rem verso*.

III. Argument tiré de l'identité de cause entre l'obligation que sanctionne l'action *de in rem verso*, et celle de la gestion d'affaires.

I. Argument tiré de la tradition.

D'après Demolombe l'action *de in rem verso* romaine trouvait « son origine et sa cause » dans la gestion d'affaires ; il le prouve en citant le texte d'Ulpien qui nous est déjà connu et que nous avons commenté (2). Cela nous dispense d'y revenir. Remarquons seulement que Demolombe ne le cite pas en entier.

Il ne cite pas non plus le passage de Domat sur lequel il s'appuie. Et nous ne trouvons dans cet au-

(1) Laurent, tome XX, § 337 et suiv.
(2) Voir suprà, page 13.

teur aucune allusion à l'action *de in rem verso* (1).

Quant à Pothier, il ne nous parle, nous l'avons vu, que d'une action générale *in factum* fondée sur l'équité, et il ne nous dit nulle part qu'elle dérive de la gestion d'affaires (2).

D'ailleurs nous n'avons pas à nous répéter. Toute notre étude historique contient implicitement la réfutation du système de Demolombe. L'action *de in rem verso* est apparue à Rome pour poursuivre l'enrichissement sans cause, et non pour suppléer l'action *negotiorum gestorum* qu'il aurait suffi de qualifier d'utile. L'argument de la tradition se retourne en réalité contre ce système, et nous trouverons au contraire dans l'histoire un solide point d'appui pour la doctrine que nous défendrons tout à l'heure.

II. Argument tiré de l'impossibilité d'établir d'une autre manière le fondement de l'action.

C'est en la rattachant à la gestion d'affaires que Laurent justifie l'existence de la *versio in rem*. S'il parait y réussir, c'est qu'il y a bien en effet une certaine analogie entre les deux actions. Dans certains cas, on peut dire que celui qui enrichit quelqu'un fait son affaire, mais c'est là un langage qui n'a rien de juridique : la gestion d'affaires est quelque chose

---

(1) Domat, *Lois civiles*, tome I, livre II, titre IV.
(2) Voir suprà, pages 27 et suiv.

de défini, et qui a sa signification précise en droit. Il en est de même de l'enrichissement sans cause, qui possède son fondement propre sans qu'il soit nécessaire de le rattacher à la gestion d'affaires. Nous avons d'ailleurs répondu par avance à l'argument de Laurent en établissant plus haut (1) les fondements rationnels et juridiques que notre action trouve dans l'équité, dans la tradition et dans les applications analogiques du Code, et non pas dans la gestion d'affaires.

III. Argument tiré de l'identité de cause.

Que, comme le dit Laurent, l'action *de in rem verso* et l'action *negotiorum gestorum contraria* procèdent toutes deux d'une même cause, cela demande une explication analogue à la précédente.

C'est bien parce que le gérant d'affaires s'est immiscé dans le patrimoine d'un tiers, que la loi, d'accord avec l'équité, oblige le maître à lui rendre raison de ses déboursés.

Mais lorsqu'une personne se trouve simplement détenir un profit que lui a procuré soit le fait d'un tiers, soit son propre fait, soit encore le hasard, peut-on dire qu'il y a eu immixtion de ce tiers dans ses affaires ?

D'ailleurs en tenant pour exact ce terme d'immix-

(1) Voir suprà, pages 45 et suiv.

tion sur lequel nous préférons faire toutes réserves, pourquoi nos deux actions dériveraient-elles l'une de l'autre ? Elles dérivent toutes deux de cette cause générale, voilà tout. Le payement de l'indû que le Code nous présente comme un autre quasi-contrat ne dérive-t-il pas lui aussi de la même cause, de l'immixtion dans les affaires d'autrui, selon l'expression de Laurent ? Et dès lors pourquoi l'action *de in rem verso* ne dériverait-elle pas du payement de l'indû plutôt que de la gestion d'affaires ?

Laurent lui-même contredit sa théorie en ajoutant : « il y a identité quant à la cause entre les deux actions en ce sens que l'équité, qui est le fondement des quasi-contrats, est aussi le fondement de l'action *de in rem verso*. »

Telle est bien la véritable solution, ce n'est donc pas la gestion d'affaires qui fonde l'action *de in rem verso*, c'est l'équité qui fonde les quasi-contrats, la gestion d'affaires, le payement de l'indû, comme la *versio in rem*.

Mais Laurent a sans doute entendu dire que les analogies qui existent entre la gestion d'affaires et la *versio in rem* unissent naturellement ces deux notions l'une à l'autre.

Existe-t-il donc de tels rapports entre la gestion d'affaires et la *versio in rem* que celle-ci soit logiquement liée à la première ?

Le Code n'est guère explicite sur l'étendue de la

notion de gestion d'affaires, aussi est-il généralement
admis que les règles qui régissent les contrats, ainsi
que les enseignements de la tradition peuvent suppléer à son silence pour attribuer à ce quasi-contrat
sa physionomie caractéristique et compléter la définition de l'article 1372 : il y a gestion d'affaires « lorsque volontairement on gère l'affaire d'autrui, soit que
le propriétaire connaisse la gestion, soit qu'il l'ignore ».

L'intention du gérant d'administrer l'affaire d'une
certaine personne déterminée est le trait distinctif (1)
de ce quasi-contrat :

« La gestion d'affaires, mais c'est un bon office,
un office d'ami. *Quasi amici*, disait Paul excellem-
ment (L. 36 ff. de neg. gest.). *Amitiâ filii tui*, disait
aussi Julien (L. 6, § 3 eod. tit. Code), prouvant bien
ainsi qu'elle est entreprise en considération de la
personne du maître, avec l'intention de lui rendre
un service, comme le mandat....., et d'autant mieux
même qu'elle émane d'une intervention toute spon-
tanée et généreuse (2). »

La gestion d'affaires étant ainsi comprise, c'est la
défigurer que de faire rentrer en elle la notion de

---

(1) Le rôle de l'intention dans la gestion d'affaires est reconnu
par la majorité des auteurs, conformément à la tradition romaine
et à l'opinion de Pothier (du quasi-contrat negot. gestor., § 185).
La jurisprudence n'en a pas tenu toujours compte (Dalloz, 1872, 1,
471), mais cela s'explique par sa méconnaissance de la *versio in
rem*.

(2) Demolombe, *Contrats et oblig.*, tome VIII, page 71.

profit procuré à un prétendu maître, par un prétendu gérant qui n'a jamais songé à obliger ce maître envers lui puisqu'il a fait son affaire en croyant faire seulement la sienne propre, ou en agissant uniquement dans des vues d'intérêt personnel.

Et pourquoi parler de gestion d'affaires, puisqu'il est évident qu'elle n'existe pas, que les conditions nécessaires à sa formation ne se réalisent pas. La gestion d'affaires n'est pas quelque chose de large et de très compréhensif, une théorie générale ; c'est l'application particulière d'une théorie générale, celle des quasi-contrats dont elle n'est qu'un cas spécial au même titre que le payement de l'indû.

Ce n'est déjà que la figure, comme disaient les Romains, la copie affaiblie du mandat ; l'action *de in rem verso* sera une copie de la gestion d'affaires. A ce système de déductions et de sous-déductions, en s'éloignant de plus en plus du point de départ, on fausse les principes et on finit par s'égarer. C'est ce qui ne manque pas d'arriver. La gestion d'affaires devient un type purement idéal sur lequel raisonnent les jurisconsultes.

Un exemple des conséquences fàcheuses du système que nous combattons nous est fourni par un arrêt de la Cour de cassation fort justement désapprouvé par M. Planiol (1).

____

(1) Dalloz, 1891, 1, 49, et la note de M. Planiol.

La Cour de cassation a jugé que « le fait d'avoir élevé sur un terrain loué des constructions dont profite le propriétaire, constitue de la part du preneur une gestion d'affaires, et le propriétaire est tenu de lui rembourser les dépenses utiles, quoique ce résultat ne soit pas entré dans les prévisions des parties.

« L'entrepreneur de constructions qui traite avec un gérant d'affaires, acquiert une action directe contre le maître sur le terrain duquel les constructions ont été élevées.

« Le gérant et le maître sont tenus chacun pour le tout des dettes contractées par le gérant envers les tiers. »

« Ces décisions, dit M. Planiol, se recommandent par l'esprit d'équité qui les a inspirées, mais nous avons quelques doutes sur la rectitude absolue des idées juridiques dont la combinaison a permis d'arriver à un résultat si désirable. Il ne nous semble nullement certain, que le fait d'avoir élevé des constructions sur un terrain, puisse constituer une gestion d'affaires, et nous craignons fort qu'on ait ici confondu la gestion d'affaires qui est une cause très nette et très distincte d'obligations, avec la famille beaucoup plus vaste et beaucoup moins bien déterminée des obligations qui naissent d'un enrichissement sans cause.

Il y a une foule de cas dans lesquels une personne

ayant retiré un profit pécuniaire d'actes juridiques ou de travaux accomplis par une autre personne, se trouve soumise à une obligation de restitution envers celle-ci. Dans sa forme la plus générale, l'action qui sanctionne cette obligation porte le nom latin d'action de *in rem verso*, bien connu de tous ceux qui se sont occupés de droit romain.

Dans certains cas, l'enrichissement procuré sans cause à autrui est accompagné de circonstances caractéristiques qui se reproduisent toujours les mêmes, et qui ont permis d'établir dans cette grande famille, des variétés facilement reconnaissables. Tels sont les faits qui donnaient naissance à Rome aux *condictiones*. Il est possible que dans certaines hypothèses de gestion d'affaires, le maître ait retiré des actes du gérant un profit de ce genre. Mais la gestion d'affaires est autre chose. Dans tous les cas où il se produit, l'enrichissement sans cause n'engendre qu'une obligation unilatérale de restitution, (ex. art, 554, 555, 556, 571, 2175). Il ne peut avoir de conséquences plus compliquées parce que le fait générateur d'obligations est ici un phénomène simple, élémentaire; l'incorporation d'une chose à une autre, qui entraîne par voie d'accession une acquisition de propriété. Celle-ci étant sans cause, l'équité exige une réparation.....

Mais la gestion d'affaires est quelque chose de plus; elle est une source productive d'obligations réciproques entre les parties. Elle suppose essentiellement l'accomplissement d'actes juridiques faits dans l'intérêt d'une personne dont on n'a reçu aucun mandat. L'expression latine que nous avons conservé est très significative. *Negotia gerere* s'entend spécialement de celui qui administre une fortune, qui agit juridiquement. Jamais les Romains n'auraient eu l'idée de dire en parlant d'un locataire qui aurait élevé des constructions sur le terrain loué : *negotia domini gessit.....*

« Il faut donc différencier la gestion d'affaires et l'enrichissement sans cause. »

Ces justes critiques nous montrent où aboutit la jurisprudence avec le système que nous combattons. Elles renferment une dernière considération que nous allons brièvement développer avant de passer à l'examen de la théorie opposée.

Tenons pour exact le système de Laurent et de Demolombe, et supposons que leurs arguments justifient cette conception de l'action de *in rem verso*. Nous voyons bien quels secours ils apportent à l'équité naturelle dans quelques hypothèses limitées.

Mais encore faudra-t-il que certaines apparences de la gestion d'affaires se trouvent réunies dans une espèce. Nous avons énuméré ces hypothèses : gestion de l'affaire d'autrui alors que le gérant ne croyait faire que la sienne propre ; gestion entreprise dans un intérêt personnel, ou même dans un but frauduleux, ou encore, chez ceux qui vont le plus loin, gestion entreprise malgré la défense expresse du maître.

Mais dans tous ces cas il y a un semblant de gestion d'affaires.

Or ne se présentera-t-il pas des espèces où un enrichissement sera acquis illégitimement à un tiers sans qu'il se rencontre aucune apparence, aucun semblant de gestion d'affaires ?

Et qu'adviendra-t-il alors dans ce système ? laissera-t-on l'équité impunément violée ?

Ou nous proposera-t-on une action nouvelle, une *condictio sine causa* pour satisfaire cette même équité ?

Et il n'y a point là qu'une simple hypothèse, qu'une de ces pures inventions d'école dont la pratique n'a jamais à connaître. Le cas s'est présenté dans la jurisprudence, et a donné l'occasion à la Cour de cassation de consacrer par un arrêt la véritable action *de in rem verso* : « Dans l'espèce, dit M. Baudry-Lacantinerie (1), il s'agissait d'engrais vendus à un fermier dont le bail avait été résilié plus tard ; le propriétaire avait profité de la récolte et par suite des engrais qui avaient contribué à la produire. Certes on ne pouvait pas dire que le vendeur d'engrais eût géré l'affaire du propriétaire, ni même qu'il eût eu l'intention d'entreprendre cette gestion. Et cepen-

____

(1) *Précis de Droit civil*, tome II, § 1339 [bis].

dant le propriétaire fut condamné à payer le prix des engrais parce qu'il en avait profité (1). »

L'action *de in rem verso*, considérée comme auxiliaire de la gestion d'affaires, ne peut donc pas jouer son véritable rôle ainsi entendue ; et la notion étroite qu'en ont donné les partisans de cette théorie est si peu satisfaisante que Demolombe, après s'y être rallié, va se contredire et lui donner un démenti en ajoutant, quelques pages plus loin, cette définition : « L'action générale *de in rem verso*, qui appartient à quiconque a fait un acte dont un tiers a retiré un avantage à son préjudice. »

Ce n'est donc déjà plus une simple dépendance de la gestion d'affaires ; ce n'est pas encore cependant la véritable action *de in rem verso* que nous allons nous efforcer d'établir.

(1) Cassation, *Req.*, 15 juin 1892.
Dalloz, 92, 1, 596.
Sirey, 93, 1, 281 et la note de M. Labbé.
(2) Demolombe, *Contrats et oblig.*, tome 8, § 327.

SECTION II

L'ACTION DE IN REM VERSO CONSIDÉRÉE COMME SANCTION DE
LA RÈGLE « NUL NE DOIT S'ENRICHIR SANS CAUSE LÉGITIME
AUX DÉPENS D'AUTRUI ».

Les inconvénients de la théorie que nous venons
de repousser, nous ont déjà fait entrevoir par contraste les avantages d'un système plus large, susceptible de s'appliquer aux hypothèses les plus diverses
dans lesquelles un enrichissement se produit au profit d'une personne et au détriment d'une autre.

Les exigences de l'équité demandaient à se traduire chez nous aussi bien qu'à Rome d'une manière
exactement conforme à la maxime typique : « *Jure
naturæ æqum est neminem cum alterius detrimento et injuria fieri locupletiorem.* »

En même temps, comme l'action *de in rem verso*
se trouvait consacrée chez quelques auteurs à la poursuite de l'enrichissement injuste, il parut tout naturel
de faire de l'une la sanction de l'autre. C'est ainsi que
procédèrent, à la suite de Merlin, Zachariæ et

MM. Aubry et Rau. De nombreuses autorités ont récemment adopté cette manière de voir.

La jurisprudence l'a confirmée en se contentant de reproduire purement et simplement la formule de la doctrine « comme si c'était un texte de loi », a-t-on dit avec raison (1).

Cette notion nouvelle de l'action *de in rem verso* comprend donc aujourd'hui à la fois ce qu'elle renfermait déjà dans le droit de Justinien, aussi bien que la *condictio sine causa* romaine ; c'est aussi l'action générale *in factum* fondée sur l'équité de Pothier.

Que cette action puisse trouver dans notre Droit civil les fondements nécessaires à son exercice, c'est ce que nous avons démontré au chapitre précédent. Ce qu'il importe maintenant de rechercher, c'est son point d'attache dans notre droit. De quelle théorie juridique dépend-elle ? Quelle est sa place aux quasi-contrats ou ailleurs, puisque, nous l'avons vu, elle ne dérive pas de la gestion d'affaires ?

Cette expression même d'action *de in rem verso* va nous guider dans notre étude. L'action pour ce qui a tourné au profit, c'est l'action qui tend à faire rentrer dans un patrimoine ce qui a tourné (ou *verti*, comme disaient les anciens interprètes) dans un autre patrimoine.

(1) Petiton, note sous Cassation., Req., 11 juillet 1889. — Dalloz, 89, 1, 393.

Mais d'abord quelle est la portée de ce terme d'action ?

Chez nous les actions ne portent pas de nom officiel ; l'usage seul a conservé des qualifications empruntées au Droit romain.

La dénomination ainsi attribuée à une action désigne, tantôt la juridiction qui doit en connaître, tantôt la loi qui l'a instituée, tantôt le fait qui la provoque ou le but qu'elle poursuit, etc.

Dans l'expression d'action *de in rem verso* se trouvent désignés à la fois le fait qui la provoque : l'enrichissement irrégulier d'une personne au préjudice d'une autre, et le but qu'elle poursuit : la réparation de ce profit.

Notre législation accorde autant d'actions qu'elle consacre de droits, et « l'action n'est autre que le droit lui-même, qui reste pour ainsi dire passif tant qu'il n'est pas contesté, mais qui se met en mouvement dès qu'il est méconnu ou violé » (1).

Or « à tout droit correspond une obligation » (2).

Quelle est donc la nature de l'obligation que sanctionne notre action et de quelle source dérive-t-elle ?

Les obligations, d'après le Code civil, ont cinq sources : les contrats, les quasi-contrats, les délits, les quasi-délits et la loi.

(1) Garsonnet, *Précis de procédure civile,* § 132.
(2)   Id.   ib.

Ecartons les délits et les quasi-délits : notre action ne suppose rien que de parfaitement licite.

Ecartons de même les contrats : la *versio in rem* ne renferme rien de contractuel ; son trait caractéristique est l'absence même de tout accord entre les parties qu'elle met en présence.

Restent les quasi-contrats et la loi : ici la distinction est délicate.

Ces deux sources d'obligations, le Code les a réunies sous ce titre « des Engagements qui se forment sans Convention », et la définition nous en est donnée à l'article 1370.

« Certains engagements se forment sans qu'il intervienne aucune convention, ni de la part de celui qui s'oblige, ni de la part de celui envers lequel il est obligé. — Les uns résultent de l'autorité seule de la loi ; les autres d'un fait personnel à celui qui se trouve obligé. Les premiers sont les engagements formés involontairement, tels que ceux entre propriétaires voisins, ou ceux des tuteurs et des autres administrateurs qui ne peuvent refuser la fonction qui leur est déférée. Les engagements qui naissent d'un fait personnel à celui qui se trouve obligé résultent ou des quasi-contrats, ou des délits ou quasi-délits ; il font la matière du présent titre. »

Cet article, comme tant d'autres de ce titre, a donné lieu à bien des controverses. La rédaction en est si défectueuse, que, si l'on s'en tient à la lettre, il est impossible de savoir ce que le législateur a voulu dire. Il faut donc interpréter nécessairement la pensée des auteurs du Code.

On est généralement d'accord aujourd'hui pour adopter l'explication suivante :

Les engagements qui naissent *immédiatement* de l'autorité seule de la loi, sont ceux dans lesquels la volonté, le fait volontaire de l'une des deux parties, ne joue absolument aucun rôle — tandis que les engagements qui naissent d'un fait licite volontaire et personnel, non pas seulement à celui qui se trouve obligé, comme dit l'article 1370 *in fine*, mais à l'une quelconque des deux parties, ne sont consacrés par la loi que *médiatement*, à l'occasion de ce fait même, et dérivent de ce que le Code appelle les quasi-contrats (1).

A laquelle de ces deux sources d'obligations faut-il rattacher l'obligation que sanctionne notre action?

Pour le déterminer, passons en revue quelques hypothèses dans lesquelles un enrichissement se trouvera procuré à une personne au détriment d'une autre.

Lorsqu'un terrain appartenant par exemple à *Primus* vient à glisser sur celui de *Secundus*, le phé-

______

(1) La question, qui a été très discutée (voir Toullier, tome VII, nos 3 et 4), semble bien définitivement résolue. La loi civile ne peut pas créer l'obligation lorsque celle-ci naît d'un fait : elle la reconnaît et la consacre.

nomène de l'avulsion qui se produit est occasionné par des circonstances étrangères à la volonté de l'homme, l'enrichissement de *Secundus* est le simple résultat du hasard et le droit de poursuivre l'*in rem versum* par notre action dérivera uniquement de *la loi civile*, article 559 (d'accord avec la loi naturelle) (1).

Il en sera de même dans tous les cas de confusion ou de mélange opérés fortuitement, par exemple lorsque deux masses de métal appartenant à des propriétaires différents ont été fondues ensemble dans le même incendie.

L'impossibilité de reconnaître les objets confondus empêchant l'exercice direct du droit de propriété, celui-ci se transforme en un droit de créance qui permet au propriétaire privé de sa chose de la réclamer à celui qui en est détenteur par accident.

Dans toutes ces hypothèses, la volonté de l'homme n'a aucune part, et l'obligation de restituer l'enrichissement injuste dérive uniquement et directement de la loi.

Dans une foule d'autres cas, de beaucoup plus nombreux que les premiers, l'obligation que sanc-

______

(1) Nous considérons l'art. 559 comme donnant naissance à une action mobilière *de in rem verso* pour l'enlèvement de la superficie (crusta prœdii).

Cette opinion se justifie par les travaux préparatoires.

Sic Demolombe, *Distinction des biens*, tome II, § 104.

tionné notre action dérive au contraire du *fait volontaire* de l'homme.

C'est ce qui arrive dans la multitude d'hypothèses que nous aurons à passer en revue plus loin comme donnant lieu à notre action, et dont nous ne citerons ici qu'un exemple, celui de l'article 554 : « Le propriétaire du sol qui a fait des constructions, plantations et ouvrages avec des matériaux qui ne lui appartenaient pas, doit en restituer la valeur... »

La source de l'obligation est ici le *quasi-contrat*, puisque nous nous trouvons dans les conditions particulières que le Code a précisément prévues article 1371 : « Les quasi-contrats sont les faits purement volontaires de l'homme dont il résulte un engagement quelconque envers un tiers et quelquefois un engagement réciproque des deux parties. »

Pas plus que l'article 1370, l'article 1371 n'a échappé à la critique, et il faut reconnaître qu'il n'éclaire pas beaucoup la notion du quasi-contrat, d'ailleurs si complètement méconnue par le législateur de 1804, comme le prouve l'expression antiscientifique de quasi-contrat (1).

Cependant, sans défigurer aucunement la définition du Code, il est bien permis de la comparer à celle du fait qui donne naissance à l'action *de in rem verso*, à savoir le fait purement volontaire de

____

(1) Voir Boistel, *Philosophie du droit*, tome I, p. 395.

l'homme, ayant procuré un enrichissement à autrui
ou à lui-même, et dont il résulte un engagement.

Toullier, qui n'avait point visé l'action *de in rem
verso*, à laquelle il ne fait aucune allusion et qu'il ne
paraît pas connaître, nous donne de l'article 1371
un commentaire qui contient la notion la plus
exacte et la plus heureuse, selon nous, de la *versio
in rem :*

« Au lieu de l'explication insignifiante que donne
du quasi-contrat l'article 1371, il faut, pour perfec-
tionner ou compléter la doctrine du Code, transfor-
mer cet article en une disposition impérative qui in-
dique en même temps quels sont les faits d'où naît
une obligation, et auxquels il donne la dénomination impropre de quasi-contrats, et dire en conséquence :

*Tout fait licite quelconque de l'homme, qui en-
richit une personne au détriment d'une autre* (si
l'on veut absolument conserver le mot inutile et impropre de quasi-contrats, il faut ici ajouter « est un
quasi-contrat qui oblige ») *oblige celle que ce fait
enrichit, sans qu'il y ait eu intention de la gratifier, à rendre la chose ou la somme dont elle se
trouve enrichie.*

Cette disposition qui explique nettement la nature
de ce qu'on appelle des quasi-contrats, et qui fait
clairement connaître quels sont les faits obligatoires
qu'on a ainsi nommés, complète la doctrine du Code

par son parallèle avec l'article 1382 : « Tout fait
quelconque de l'homme qui cause à autrui un dom-
mage, oblige celui par la faute duquel il est arrivé,
à le réparer. »

Ces deux dispositions renferment tous les arran-
gements ou toutes les obligations que la loi fait
naître à l'occasion d'un fait personnel de l'homme
sans qu'il intervienne aucune convention. Il n'est
plus besoin de les indiquer en particulier ni de les
énumérer. Vous êtes-vous enrichi, avez-vous profité
par votre fait, ou par celui d'un tiers aux dépens
d'une autre personne sans que celle-ci ait eu la volonté de vous gratifier ? — Vous êtes engagé, vous
êtes obligé, et si vous l'êtes, il y a droit acquis
à celui aux dépens de qui vous vous êtes enrichi.
Plus de difficultés sur le point de l'engagement ou
de l'obligation (1). »

Telle est la véritable portée qu'il faut attribuer à
l'article 1371. C'est à cet article que se rattache
l'action *de in rem verso* lorsqu'elle poursuit un enrichissement irrégulier obtenu par un fait de l'homme. Nous avons vu, que, si cet enrichissement résulte du hasard, l'action sanctionne une obligation
purement légale.

______

(1) Toullier, op. cit., tome IX, § 20.

SECTION III

L'ACTION DE « IN REM VERSO » EST-ELLE UNE ACTION
PERSONNELLE OU RÉELLE ?

Cette question ne se poserait même pas si Zachariæ n'avait écrit, sous le titre (1) « Des différentes espèces de droits qui sont compris dans la propriété du patrimoine » : « Une personne peut même, en ce qui concerne son propre patrimoine, exercer efficacement le droit de revendication dont jouit tout propriétaire, en ce sens qu'elle est autorisée à réclamer, au moyen de l'action *de in rem verso*, les valeurs dont le patrimoine d'une autre personne s'est enrichi au détriment du sien, et pour la restitution desquelles elle n'aurait à exercer aucune action naissant d'un contrat, d'un quasi-contrat, d'un délit ou d'un quasi-délit. L'action *de in rem verso*, qu'on peut définir la revendication d'objets considérés, non en eux-mêmes et sous le rapport de leur nature constitutive, mais

(1) Zachariæ, op. cit., tome IV, § 576, 1re édition.

comme biens, et sous le rapport de leur utilité, compète à l'instar des actions réelles, contre toute personne quelle que soit d'ailleurs l'incapacité de contracter dont elle se trouve frappée. »

Cette opinion a été rejetée par MM. Aubry et Rau (1): « C'est à tort, disent-il, en parlant de Zachariæ, que cet auteur semble voir dans l'action *de in rem verso* une sorte d'action réelle. A ce titre elle se trouverait écartée, s'il s'agissait d'un meuble corporel existant encore en nature, par les disposition de l'article 2279. »

Cette réfutation n'est ni satisfaisante ni décisive. Quelle que soit, en effet, l'opinion adoptée sur la règle en fait de meubles la possession vaut titre, que l'on admette qu'en principe on ne revendique pas les meubles, ou que l'on pense au contraire que de sa nature l'action en revendication peut avoir pour objet des meubles aussi bien que des immeubles, de toute façon l'argument tiré de l'article 2279 ne démontre nullement l'erreur de Zachariæ.

Ce n'est pas parce que l'action en revendication des meubles échoue dans la plupart des cas contre le possesseur que l'action *de in rem verso* est une action personnelle.

En réalité Zachariæ a confondu l'action *de in rem verso* avec l'action en revendication. Si la première

---

(1) Aubry et Rau, op. cit., tome VI, § 578, note **7** *in fine*.

est une action réelle, quel intérêt, quelle utilité peut elle présenter à côté de la seconde ?

L'action en revendication se suffit bien a elle même, et on n'a jamais eu, en dehors de Zachariæ, l'idée de lui donner la qualification *de in rem verso*.

Le caractère essentiel et distinctif de l'action *de in rem verso* est d'être au contraire une action personnelle.

Elle naît précisément lorsque, le propriétaire ayant perdu la propriété de sa chose, son droit réel primitif se trouve changer de fonctions et est remplacé dans son patrimoine par un nouveau droit personnel, sanctionné par l'action personnelle *de in rem verso*. C'est ce qui se produira notamment dans l'hypothèse fréquente de l'accession : l'impossibilité de détacher l'accessoire du principal faisant obstacle à l'exercice du droit de propriété, ce dernier se transforme en un un droit de créance. Il en sera de même au cas de confusion, par impossibilité de reconnaître les choses confondues (1).

Dans d'autres hypothèses, l'action *de in rem verso* tendra bien à faire rentrer dans un patrimoine l'objet même qui aura injustement passé dans uu autre patrimoine, sans devenir pour cela une action réelle. Elle reste une action personnelle en restitution.

____

(1) Voir page 73.

A plus forte raison ne saurait-on pas lui contester le caractère personnel, lorsqu'elle poursuit un enrichissement procuré par des actes utiles, des dépenses, par exemple, qu'aurait faites un gérant d'affaires agissant en dehors des conditions nécessaires à la formation du quasi-contrat *negotiorum gestorum*.

L'exemple de Zachariæ est d'ailleurs sans précédent, et en droit romain ainsi que dans une tradition unanime l'action *de in rem verso* a toujours été considérée comme une action personnelle.

CHAPITRE III

CONDITIONS DE L'ACTION.

—

Connaissant la nature de notre action, il importe maintenant de fixer les conditions auxquelles sera soumis son exercice.

Elles découlent naturellement de l'énoncé même de la règle, « Nul ne doit s'enrichir sans cause légitime aux dépens d'autrui », qui suppose :

I. — *Une constatation de l'enrichissement obtenu par une personne au détriment d'une autre.*

II. — *Un défaut de juste cause, chez la personne enrichie, de garder cet enrichissement.*

L'évidence même de ces deux conditions primordiales rend toute insistance inutile.

Remarquons seulement qu'on supprime la seconde qui est capitale, lorsqu'on se contente comme il arrive souvent d'énoncer notre règle en ces termes : « Nul ne doit s'enrichir aux dépens d'autrui. »

G. R. 6

Ces deux règles à elles seules ne sauraient cependant suffire à nous renseigner sur le fonctionnement de notre action.

S'il suffisait d'un vague enrichissement, injustement détenu, pour donner lieu à une poursuite, la voie serait bientôt ouverte à des revendications sans nombre qui finiraient par troubler l'économie des principes juridiques les plus sûrs.

Aussi s'est-on à juste titre préoccupé d'enfermer l'action *de in rem verso* dans une formule précise susceptible de définir exactement son rôle et ses limites.

C'est ainsi qu'en s'inspirant uniquement des applications analogiques du principe de la *versio in rem* au Code civil, M. Petiton en donne le criterium suivant (1) :

« Lorsque se présentera un cas semblable à ceux qui sont expressément visés par le Code civil comme donnant lieu à l'application de l'action *de in rem verso*, il conviendra d'admettre que cette action peut s'exercer ; mais à l'inverse, si le cas n'est pas semblable, alors même que la situation d'une des parties se serait améliorée indirectement par suite du fait de l'autre, l'action dont il s'agit ne peut être admise.

(1) Note sous Cassation, Requêtes, 11 juillet 1889, Dalloz, 89. 1, 393.

Ce principe étant posé, il est facile, en parcourant le Code civil, de constater que dans tous les articles où il a admis l'application de l'action *de in rem verso*, il s'agit sans exception d'hypothèses où une relation directe de fait a existé, soit entre deux personnes, soit entre l'une d'elles et la chose de l'autre, et qu'à l'inverse aucun de ces articles ne vise un cas dans lequel, alors que les parties sont restées absolument étrangères l'une à l'autre, il serait permis à l'une de se faire payer une somme par l'autre, sous le prétexte que cette dernière a profité d'un avantage indirect provenant du chef de la première.

On ne saurait en douter en se reportant aux textes : suivant l'article 548, les fruits n'appartiennent au propriétaire qu'à la condition de rembourser les frais de labour, travaux et semences, faits sur la chose par un tiers. Il y a eu là, incontestablement, relation directe de fait entre une personne, le tiers et la chose de l'autre, le fonds travaillé. »

M. Petiton continue la même démonstration sur les principaux articles du Code qui mettent en jeu le principe de l'*in rem versum* (1). « Ces citations, ajoute-t-il, vérifient d'une façon complète la règle énoncée plus haut, comme étant celle invariablement suivie par le Code civil, à savoir : que pour qu'il y

----

(1) Ce sont ces mêmes articles que nous avons déjà brièvement analysés plus haut (Voir page 49) et que nous étudierons en détail dans notre IIIe partie.

ait lieu à l'action *de in rem verso*, il ne suffit pas *qu'une partie ait recueilli un avantage prenant sa source dans l'agissement d'autrui;* il faut *qu'un lien de droit* se soit établi entre les deux personnes dont l'une prétend agir contre l'autre; et un lien de cette nature n'a pu s'établir que *si une relation directe de fait a existé,* soit entre les deux personnes mêmes, soit au moins entre l'une de ces personnes et la chose dont l'autre est propriétaire. De cette relation antérieure seule peut résulter le *vinculum juris* qui donne ouverture à l'action; et si cette relation a fait défaut, si chacune des parties est restée complètement étrangère à l'autre, il est impossible d'admettre, faute de l'élément nécessaire, qu'une obligation ait pu se former entre elles. »

Nous ne saurions accepter ni la conclusion à laquelle aboutit l'éminent auteur que nous venons de citer, ni le raisonnement dont elle découle.

C'est une sélection arbitraire parmi les articles du Code relatifs à l'enrichissement injuste, qui permet à M. Petiton de dire qu'aucun de ces articles ne vise un cas dans lequel, alors que les parties sont restées absolument étrangères l'une à l'autre, il serait permis à l'une de se faire payer une somme par l'autre sous le prétexte que cette dernière a profité d'un avantage indirect provenant du chef de la première.

L'action *de in rem verso* en effet, ne sanctionne pas seulement un enrichissement procuré par un fait de l'homme, mais aussi, nous l'avons vu, l'enrichissement injuste qui émane du seul effet du hasard. Il en est ainsi par exemple au cas d'avulsion ou de confusion où les deux parties sont pourtant bien restées étrangères l'une à l'autre.

Il n'y a pas non plus autre chose qu'une véritable pétition de principe à affirmer que pour qu'il y ait lieu à notre action, il faut qu'un lien de droit se soit établi entre deux personnes dont l'une prétend agir contre l'autre ?

En réalité, c'est au contraire l'action elle-même qui établira précisément le lien de droit entre les deux parties en présence.

Enfin cette formule qui fait dépendre notre action d' « une relation directe de fait entre deux personnes ou entre une personne et la chose d'une autre » ne nous fournit nullement un criterium certain.

Appliquons-là pour le constater à l'espèce qui a fait l'objet de l'arrêt annoté. Il s'agissait de résoudre la question suivante :

« Le Crédit foncier, qui, avant la réalisation d'un prêt hypothécaire a fait l'avance à l'emprunteur, par l'intermédiaire de son notaire, des fonds nécessaires pour payer et faire radier une créance première inscrite, sans prendre la précaution de réclamer la subrogation, et qui, dans l'ordre ouvert ultérieurement sur l'immeuble de l'emprunteur se trouve primé par l'hypothèque légale des enfants mineurs de celui-ci, peut-il leur demander le remboursement des sommes par lui avancées, en alléguant que la situation des mineurs a été améliorée par la radiation de l'inscription primant la leur, et que nul ne peut s'enrichir aux dépens d'autrui ? »

Aucun rapport, dit M. Petiton, ni de fait ni de droit, n'a été lié entre le Crédit foncier et les mineurs : l'action *de in rem verso* doit donc être refusée en l'espèce.

Tel n'est point l'avis de M. Labbé qui, annotant au Sirey le même arrêt, fait au contraire la remarque absolument opposée : « Il y a un lien intime, une relation directe entre le déboursé fait par le Crédit foncier et le profit retiré par les mineurs ; ce profit, le Crédit foncier espérait le recueillir, et il passe aux mineurs ; l'acte imprudent du Crédit foncier est la cause directe de l'enrichissement des mineurs. »

De pareilles divergences dans l'interprétation démontrent l'incertitude du critérium proposé. Faut-il donc renoncer à déterminer la condition *sine qua non* qui permettra de reconnaître sans hésitation les cas où l'action de *in rem verso* doit être admise ?

Il suffit, pour y parvenir, d'envisager la source même de notre action : Quel est l'élément qui la fait naître ? C'est l'*in rem versum*, c'est-à-dire la valeur qui passe d'un patrimoine dans un autre.

Telle est la règle essentielle et qui, ajoutée aux deux premières énumérées plus haut nous suffira à discerner les hypothèses où s'applique notre action. Il faudra qu'il s'agisse :

III.— *D'une valeur déterminée ayant passé d'un patrimoine dans un autre.*

Par là seront écartées du domaine de notre action, les hypothèses concernant un enrichissement vague, et qui ne sauraient donner lieu à poursuite pas plus que par l'article 1382 ; tel sera par exemple le cas où une personne, en démolissant son propre mur, aura procuré un avantage appréciable à son voisin, ou encore celui où un bénéfice résulte de l'établissement d'une gare ou d'une ligne de chemin de fer (1).

Nous résumerons donc comme il suit les trois conditions nécessaires à l'exercice de l'action de *in rem verso* : *Enrichissement, détenu sans cause légitime,*

(1) La Cour de cassation a eu à juger une espèce analogue (Chambre civile, 31 juillet 1895, Dalloz 95, 1, 391)...

Un tiers ayant versé pour la ville d'Arles une somme de 82,000 fr. au concessionnaire d'un chemin de fer reliant cette ville à une autre commune, alors que le chemin de fer construit avec les fonds fournis par le tiers appartenait au concessionnaire et non pas à la ville, exerçait contre cette dernière l'action de *in rem verso*.

« Attendu, dit l'arrêt, que si l'action de *in rem verso*... est ouverte dans certains cas, contre la personne qui s'est enrichie aux dépens d'autrui, c'est à la condition que cette personne ait reçu *une valeur qui soit entrée dans son patrimoine ;* que dans l'espèce, le chemin de fer construit avec les fonds fournis par la Compagnie Michel, appartient au concessionnaire et non à la ville d'Arles, et qu'il n'échet d'examiner si la ville tire de l'existence de ce chemin de fer un avantage indirect.

et procuré par le passage d'un patrimoine dans un autre d'une valeur déterminée.

Remarquons seulement qu'il restera toujours aux juges une liberté plus grande ici que partout ailleurs de se décider suivant les circonstancea de la cause : les considérations d'équité doivent nécessairement jouer un très grand rôle en matière d'*in rem versum*.

Aussi nous en tiendrons-nous aux règles que nous venons d'énumérer, sans chercher à étouffer notre action dans des obstacles qui finiraient par lui enlever toute efficacité pratique.

« Parmi les anciennes maximes, a-t-on fait observer, celles dites d'équité sont peut-être celles-là même dont l'application ne doit être accueillie qu'après l'examen le plus attentif. parce que la faveur morale qui les accompagne pourrait être susceptible de leur accorder un crédit parfois excessif (1). »

Ces soupçons sont-ils bien légitimes quand ces maximes représentent un principe de droit élémentaire et essentiel émanant d'une tradition unanime, et confirmé par plusieurs législations contemporaines ?

MM. Aubry et Rau étaient sans doute inspirés des idées auxquelles nous faisons allusion, lorsque, après avoir donné de l'action *de in rem verso* la notion que nous savons, ils s'empressaient d'y ajouter cette restriction :

____

(1) Petilon, *loco citato.*

L'action ne doit être admise que dans le cas où la personne lésée « ne jouirait pour obtenir ce qui lui appartient ou ce qui lui est dû, d'aucune action naissant d'un contrat, d'un quasi-contrat, d'un délit ou d'un quasi-délit » (1).

Présentée comme un principe, cette limitation ne nous paraît pas juridique.

Sans doute si l'action *de in rem verso* a été introduite dans notre droit, ce n'est pas pour résoudre des hypothèses déjà prévues par la loi, mais pour donner une voie de recours, au contraire, dans des hypothèses dépourvues d'action.

Cependant, une fois l'action admise, la question change d'aspect.

D'après la nature que nous avons attribuée à notre action en effet, celle-ci naît de l'*in rem versum* et appartient dès ce moment à la partie appauvrie, sans qu'il y ait à examiner si d'autres actions ont pris naissance en même temps : « Le demandeur auquel plusieurs actions sont ouvertes, est libre d'intenter celle qu'il juge la plus avantageuse, fût-elle la plus nuisible au défendeur ou aux tiers.

Ainsi, un créancier hypothécaire inscrit peut, au lieu de surenchérir sur le prix de vente de l'immeuble qui lui est hypothéqué, attaquer cette vente comme faite en fraude de ses droits, et en demander

____

(1) Aubry et Rau, 4ᵉ édition, tome VI, § 578, page 246.

la révocation en vertu de l'article 1167 du Code
civil (1). »

Tel est le droit commun ; il y est dérogé dans certains cas particuliers, comme il arrive par exemple
pour l'action en dommages-intérêts pour éviction
lorsque le vendeur peut encore défendre l'acheteur. Ces exceptions doivent être interprétées restric-
tivement (2).

Voici maintenant l'intérêt pratique de la question.

Il arrive très souvent que l'action *de in rem verso*
n'est pas seule ouverte à une partie, et que l'action
oblique de l'article 1166 coexiste parallèlement à la
première.

C'est ce qui se présente, par exemple, dans une
espèce soumise à la Cour de cassation : Un fournisseur d'engrais avait traité avec un fermier et les engrais avaient été bien employés à amender le sol.
Le fermier devenant insolvable, le propriétaire était
actionné *de in rem verso*.

Le fournisseur d'engrais jouissait donc de deux
actions contre le propriétaire : l'une, directe, pour son

(1) Garsonnel, *Traité théorique et pratique de procédure*,
tome I, § CXLI, page 603, note 3.

Voir également Dalloz, *Jurisprudence générale*. V⁰ Action,
n⁰ 290.

(2) Elles s'expliquent généralement d'ailleurs par le souci d'éviter des lenteurs et des frais.

enrichissement, l'autre, action oblique, du chef du fermier, cette dernière paralysée par toutes les exceptions que le propriétaire pouvait opposer au fermier.

La Cour de cassation a accordé directement l'action *de in rem verso*, malgré la coexistence de l'action oblique (1).

Cette situation se reproduit fréquemment, avons-nous dit, et nous en retrouverons la preuve quand nous examinerons le rôle de notre action sous l'article 1864 (2).

De même quand elle est accordée au tiers qui a traité avec un mandataire ou un gérant d'affaires pour poursuivre directement le maître (3).

Dans toutes ces hypothèses il est injuste de refuser l'action *de in rem verso* sous prétexte qu'il existe l'action de l'article 1166, puisque par cette dernière action, le demandeur se verra opposer toutes les exceptions personnelles à son débiteur, et devra en outre subir le concours des créanciers de ce dernier.

L'action *de in rem verso* ne sera le plus souvent intentée qu'à défaut d'autre, et comme un moyen extrème, parce que ses effets sont assez restreints, comme nous allons le voir au chapitre suivant (4), et

____

(1) Sirey, 93, 1, 281.

Dalloz, 92, 1, 596.

(2) Voir page 147.

(3) Voir page 143.

(4) Voir page 95.

qu'elle ne présente généralement pas de tels avantages qu'il y ait intérêt à l'exercer de préférence à une autre. Néanmoins le principe subsiste, et quand bien même une partie aurait à sa disposition d'autres actions plus ou moins avantageuses, elle sera toujours libre d'agir *de in rem verso* si elle le juge à propos — la règle *quoties alia actio deficit* ne doit recevoir ici, selon nous, aucune application.

En dehors des conditions positives dont nous venons de parler, il en est d'un tout autre ordre : l'action *de in rem verso* ne peut s'exercer que si elle ne viole aucun principe de droit. La question s'est posée devant les tribunaux : lorsque la théorie de l'*in rem versum* était invoquée, il était naturel que les défendeurs cherchassent à établir qu'elle contrariait quelque texte. Le seul de ces moyens que nous signalerons, non pas qu'il présente quelque difficulté, mais parce qu'il constitue précisément le même obstacle que notre action a eu à vaincre pour s'établir à Rome (1), est celui tiré du conflit avec la règle *Res inter alios acta*.

La Cour de cassation l'a écarté dans ces considérants : « Attendu que s'il est de principe que les conventions n'ont d'effet qu'entre les parties contractantes et ne nuisent point aux tiers, il est certain que ce principe n'a pas été méconnu par le jugement at-

____

(1) Voir page 9.

taqué — qu'en effet cette décision n'a point admis que le demandeur pouvait être obligé envers les défendeurs éventuels à raisons d'une fourniture d'engrais chimiques faite par ce dernier à un tiers, mais seulement à raison du profit personnel et direct que ce demandeur aurait retiré de l'emploi de ces engrais sur ses propres terres dans des circonstances déterminées (1). »

(1) Cassat., Req., 15 juin 1892.
   Sirey, 93, 1, 281.
   Dalloz, *Périod.*, 92, 1, 596.

CHAPITRE IV

EFFETS DE L'ACTION.

—

L'indécision, que nous avons rencontrée sur la
nature et les conditions de notre action, ne se re-
trouve pas à propos de ses effets. Cela tient certainement à cette raison que son simple énoncé renferme une définition de son but qui ne permet aucun
doute : le *de in rem verso*, c'est ce qui a tourné au
profit de quelqu'un, tout cela, mais rien que cela.

Sur ce point, tradition, doctrine et jurisprudence
sont entièrement d'accord.

Ce profit résultera *parfois* de ce fait qu'une chose
est sortie à tort d'un patrimoine pour venir en grossir un autre. L'effet de l'action consistera alors dans
la poursuite de l'objet même qui aura passé dans le
patrimoine d'autrui, « lorsque aucun obstacle de fait
ou de droit ne s'oppose à cette restitution en nature »,

et, dans le cas contraire, à la restitution de la valeur qui en forme la représentation (1).

Notre action n'en devient pas pour cela une action réelle ; elle reste une action personnelle en restitution, analogue à l'action en restitution du dépôt ou du prêt.

Mais *le plus souvent*, le profit, procuré à une personne par le fait d'une autre, résultera d'agissements divers que nous comprenons sous le nom d'*impenses*.

Ces impenses peuvent être *nécessaires* ou simplement *utiles*.

Pour les impenses *nécessaires*, « elles sont censées toujours avoir enrichi de leur montant celui dans l'intérêt de qui elles ont été faites » (2). C'est de leur nécessité que découle l'obligation de les rembourser intégralement. Sans doute, ces impenses n'auront généralement pour résultat que de maintenir une situation antérieure, et non de l'améliorer, mais n'est-ce pas s'enrichir que d'éviter une perte ?

Quant aux impenses simplement *utiles*, comment faut-il envisager cette utilité ? Faut-il tenir compte uniquement de la plus-value, ou bien vraiment des impenses faites : prix dépensé, valeur employée ?

C'est l'utilité finale, subsistant au moment même

----

(1) Aubry et Rau, tome VI, § 578.
(2) Larombière, tome VII, page 448.

où l'action est intentée, qu'il faut apprécier : « Conformément à ce principe que la sentence du juge doit placer les parties dans la même situation que si justice eut été faite immédiatement. L'action tombera donc dans le vide si, au moment où elle est intentée, l'enrichissement du défendeur à l'action a cessé d'exister par suite d'un cas fortuit (1). »

Les effets de notre action diffèrent donc de ceux de l'action *negotiorum gestorum contraria*. Dans cette dernière action, « le gérant peut réclamer le montant intégral de ses déboursés par cela seul que la gestion a été utile dans son principe, alors même que l'utilité aurait disparu par suite d'événements ultérieurs qu'il était impossible de prévoir » (2).

Il est au contraire beaucoup moins intéressant de rechercher si le fait qui a donné lieu à l'*in rem versum* était utile ou non dans son principe, du moment qu'il aboutit à un enrichissement final.

Beaucoup d'auteurs admettent enfin que les intérêts des avances faites par le gérant d'affaires courent de plein droit à son profit à dater du jour où elles ont été faites (3).

Cette opinion, qui est fondée sur l'assimilation entre le quasi-contrat de gestion d'affaires et le contrat de

______

(1) Baudry-Lacantinerie, *Précis*, tome II, § 1339 [bis].
(2) Ibid., § 1339.
(3) Aubry et Rau, tome IV, § 441 et les autorités citées, note 12.

R. 7

mandat, peut-elle être étendue à la *versio in rem*, et, au cas contraire, comment régler les intérêts dans cette dernière théorie ?

L'enrichissement sans cause n'est, à la différence de la gestion d'affaires, la figure d'aucun contrat ; les règles qui concernent les intérêts dans les contrats, aussi bien celles de l'article 1153, que celles relatives au mandat, ne sauraient donc lui être appliquées.

La question se résoudra au contraire comme au cas de l'article 1382. — En fait les intérêts échus ayant grossi l'*in rem versum*, il en sera tenu compte dans l'évaluation de l'indemnité accordée.

Les effets de l'action *de in rem verso* ont été résumés dans cette formule très heureuse :

« *Votre appauvrissement est le maximum que vous puissiez demander : mon enrichissement est le maximum que vous puissiez obtenir* (1). »

Il ne saurait être réclamé en effet plus que la valeur qui est sortie du patrimoine appauvri, et il ne saurait être accordé plus que ce qui est réellement entré dans le patrimoine enrichi. — On n'obtiendra donc que la plus-value quand cette plus-value sera inférieure aux impenses, et la totalité des impenses quand elles seront inférieures à la plus value.

C'est le minimum d'exigences de l'équité.

____

(1) Poisnel, thèse, Caen, 1872, page 84.

Remarquons enfin que la notion de bonne ou de mauvaise foi est absolument étrangère à l'enrichissement injuste. — Elle intervient dans certains cas au Code pour modifier les effets de notre action sans atteindre aucunement son principe. — Si rien ne s'oppose à ce que la bonne foi soit traitée avec plus de faveur, la mauvaise foi ne peut pas légitimer un refus d'action (1).

(1) Voir page 143.

APPENDICE

DROIT DE RÉTENTION.

—

L'exercice de l'action *de in rem verso* peut-il trouver une garantie dans le droit de rétention ?

A cette question le Code répond affirmativement dans plusieurs hypothèses où une personne, ayant fait des impenses sur une chose, intente notre action pour rentrer dans ses déboursés.

Il en est ainsi aux articles 570 et 571 concernant le spécificateur.

De même à l'article 867 : « Le cohéritier, qui fait le rapport en nature d'un immeuble, peut en retenir la possession jusqu'au remboursement effectif des sommes qui lui sont dues pour impenses ou améliorations. »

L'action *de in rem verso* dont jouit le cohéritier est donc formellement garantie par le droit de rétention.

Aux termes de l'article 1673 : « Le vendeur, qui use du pacte de rachat, doit rembourser non seulement le prix principal, mais encore les frais et loyaux coûts de la vente, les réparations nécessaires, et celles qui ont augmenté la valeur du fonds, jusqu'à concurrence de cette augmentation. Il ne peut entrer en possession qu'après avoir satisfait à toutes ces obligations..... (1). »

Action *de in rem verso* et droit de rétention appartiennent encore ici à l'acheteur.

Il en est de même encore, d'après l'article 1948, pour le dépositaire réclamant la bonification de ses impenses : « Le dépositaire peut retenir le dépôt jusqu'à l'entier paiement de ce qui lui est dû à raison du dépôt. »

Tels sont les cas où le Code accorde expressément le droit de rétention à la partie qui agit *de in rem verso*.

Faut-il strictement nous en tenir à ces décisions, et, comme le demande un parti important dans la doctrine, refuser la garantie en dehors des textes ? Nous n'hésiterons pas à repousser cette opinion. Et entre autres raisons nous invoquerons celles-là même qui permettent d'établir l'action *de in rem verso*, c'est-à-dire le devoir de l'interprète de rechercher

(1) Remarquons cependant qu'aux yeux de certains auteurs le droit reconnu par l'art. 1673 à l'acheteur ne serait pas un véritable droit de rétention.

dans les dispositions éparses le principe dont elles dépendent, pour en faire l'application aux cas imprévus.

La difficulté est maintenant de trouver la règle contenue dans les hypothèses que le législateur a visées pour la reporter aux hypothèses analogues.

Deux systèmes sont ici en présence.

Dans le premier, le droit de rétention est accordé toutes les fois qu'il se rencontre, outre la détention d'une chose, connexité entre la créance et la chose retenue : *debitum cum re junctum*. C'est ce qui arrivera dans un très grand nombre d'hypothèses de *versio in rem*, où un tiers, possesseur ou détenteur d'une chose sur laquelle il aura fait des impenses, pourra la retenir jusqu'à la bonification de ses déboursés.

Ce système aura nos préférences par ses conséquences équitables et sa simplicité d'application.

Remarquons en outre qu'il correspond exactement aux conditions que le Code prévoit dans les articles consacrés au droit de rétention. C'est aussi le système de la jurisprudence.

La deuxième théorie intéresse encore l'action *de in rem verso* à un autre point de vue.

Exposons d'abord en quoi elle consiste.

MM. Aubry et Rau exigent pour le droit de rétention que « la détention se rattache à une convention ou tout au moins à un quasi-contrat, et que la dette connexe à la chose retenue ait pris naissance à l'occasion de cette convention ou de ce quasi-contrat » (1).

Prise absolument à la lettre, cette théorie n'est guère en concordance avec certains articles du Code relatifs au droit de rétention.

Appliquons-la par exemple à l'article 867 que nous avons reproduit tout à l'heure, et qui accorde au cohéritier soumis au rapport en nature d'un immeuble, le droit de le retenir jusqu'au remboursement de ses impenses (2).

Quel est ici le contrat ou tout au moins le quasi-contrat auquel se rattache la détention ? Il n'y en a aucun.

L'héritier détient l'immeuble en vertu de son droit de propriété, et, s'il est soumis au rapport, c'est uniquement parce que la loi l'y oblige (3).

Mais la dette connexe à la chose retenue, elle, prend bien naissance à l'occasion d'un quasi-contrat. Elle naît, en effet, des améliorations apportées par l'héritier à l'immeuble, c'est-à-dire du fait purement volontaire de celui-ci (art. 1371) dont il résulte une obligation de remboursement éventuelle (en cas de rapport) pour les cohéritiers.

Nous concluons que s'il y a bien dans l'article 867

---

(1) Aubry et Rau, tome III, § 115, page 256 bis.
(2) La même démonstration s'applique aux articles 570-571.
(3) Sic. Guillouard, tome XIII, § 53, page 349.

un lien quasi-contractuel entre les parties, on ne peut pas dire que la détention se rattache à une convention ou à un quasi-contrat.

Tout ce que l'on peut affirmer, selon nous, c'est que tous les articles du Code relatifs au droit de rétention supposent un lien contractuel ou au moins quasi-contractuel entre les parties.

Appliquons cette condition à l'action *de in rem verso*.

Quelle est l'hypothèse normale où notre action trouve une garantie efficace dans le droit de rétention ?

C'est celle où l'auteur d'impenses, améliorations, etc., sur une chose et créancier *de in rem verso* de ces impenses, cherche à retenir la chose améliorée jusqu'au paiement de ses déboursés.

Dans cette hypothèse, qui est la plus fréquente, il y a un lien quasi contractuel entre les parties né du fait de ces impenses (art. 1371).

On voit que la théorie du *débitum cum re junctum* et celle du lien contractuel ou quasi-contractuel n'aboutissent pas à des conséquences pratiques bien différentes pour ce qui concerne l'action *de in]rem verso*.

TROISIÈME PARTIE

—

ÉTUDE DES PRINCIPALES APPLICATIONS
DE L'ACTION " DE IN REM VERSO "

CHAPITRE PREMIER

IMPENSES FAITES SUR UNE CHOSE.

—

Les hypothèses où l'action *de in rem verso* naît à l'occasion d'impenses faites sur une chose sont innombrables.

Ces impenses peuvent avoir été faites sur la chose d'autrui par un possesseur, par un simple détenteur, ou encore par un tiers quelconque qui n'en a ni la possession ni la détention, (tel sera le cas, par exemple, de l'ouvrier qui répare).

Le tiers auteur d'impenses peut être aussi un propriétaire sous condition résolutoire.

Enfin le véritable propriétaire peut avoir amélioré sa propre chose en employant celle d'autrui.

Envisageons successivement ces différentes catégories d'hypothèses.

SECTION PREMIÈRE

IMPENSES FAITES PAR UN TIERS SUR LA CHOSE D'AUTRUI.

Conformément au principe de l'action *de in rem verso*, tel que nous l'avons déterminé, le fait d'une personne qui, par ses impenses sur une chose, enrichit le propriétaire de cette chose, oblige celui-ci à restituer la chose ou la somme dont il se trouve enrichi.

Mais ici la chose elle-même ne peut être généralement restituée ; il s'est opéré accession : les fruits que l'activité du tiers aura contribué à faire rendre, tous les accessoires qu'il aura unis ou incorporés à la chose, seront acquis au propriétaire.

En établissant les règles de l'accession, qu'il a soigneusement détaillées, le législateur s'est trouvé amené à envisager cette situation du tiers auteur d'impenses sur la chose d'autrui, et il a plusieurs fois résolu la question d'après les principes de la *versio in rem*.

L'article 548 décide par exemple que « les fruits produits par la chose n'appartiennent au propriétaire qu'à la charge de rembourser les frais des labours, travaux et semences faits par des tiers ».

Ce texte n'est qu'une explication particulière du principe général de l'*in rem versum* : Le fait d'un tiers ayant préparé la récolte qui, par droit d'accession, est acquise au propriétaire, celui-ci doit restituer le montant de son enrichissement.

Nous sommes ainsi amenés à conclure que l'article 548 ne constitue pas une disposition limitative, mais seulement énonciative, et que l'obligation de remboursement, loin d'être restreinte aux frais des labours, travaux et semences, doit s'étendre également au prix des engrais, des réparations d'entretien, des frais de transport nécessaires pour la réalisation de la valeur des fruits, et même enfin des impôts qui sont des « fruits passifs, diminuant d'autant les fruits actifs » (1).

Après avoir examiné le droit d'accession sur ce qui est produit par la chose, le législateur s'occupe de ce même droit sur ce qui s'unit et s'incorpore à la chose, et nous retrouvons l'action de *in rem verso* dans l'article 555.

« Lorsque des plantations, constructions et ou-

____

(1) En ce sens : Demolombe, tome 9, nᵒ 583, 589.

Une exception remarquable à cette règle est celle de l'art. 585 ; elle est fondée sur des raisons spéciales à l'usufruit. Les art. 1437 et 1403 combinés, permettent au contraire de revenir au principe pour la communauté usufruitière.

vrages ont été faits par un tiers et avec ses matériaux, le propriétaire du fonds a droit ou de les retenir, ou d'obliger ce tiers à les enlever. — Si le propriétaire du fonds demande la suppression des plantations et constructions, elle est aux frais de celui qui les a faites, sans aucune indemnité pour lui ; il peut même être condamné à des dommages et intérêts, s'il y a lieu, pour le préjudice que peut avoir éprouvé le propriétaire du fonds. — Si le propriétaire préfère conserver ces plantations et constructions, il doit le remboursement de la valeur des matériaux et du prix de la main-d'œuvre sans égard à la plus ou moins grande augmentation de valeur que le fonds a pu recevoir. Néanmoins, si les plantations, constructions et ouvrages ont été faits par un tiers évincé qui n'aurait pas été condamné à la restitution des fruits, attendu sa bonne foi, le propriétaire ne pourra demander la suppression des dits ouvrages, plantations et constructions ; mais il aura le choix ou de rembourser la valeur des matériaux et du prix de la main-d'œuvre, ou de rembourser une somme égale à celle dont le fonds a augmenté de valeur. »

Que l'article 555 renferme une application du principe de l'action *de in rem verso*, cela ne peut faire aucun doute : le fait du constructeur a enrichi le propriétaire, celui-ci, s'il garde les constructions, lui doit un remboursement.

Mais les effets de l'action tels que nous les avons

indiqués précédemment (1), ne se retrouvent pas ici, et il y a lieu, croyons-nous, de le regretter. Dans l'article 555 intervient, en effet, la notion de la bonne et de la mauvaise foi. Si le tiers est de mauvaise foi, le propriétaire devra lui restituer le montant de ses impenses, de son appauvrissement ; or, l'action *de in rem verso* n'en demande pas autant, elle ne conduit pas à ce résultat : si par cette action le demandeur peut réclamer au maximum le montant de ses impenses, le défendeur n'est tenu à lui rembourser que le montant de son enrichissement, c'est-à-dire de la plus-value, laquelle est presque toujours inférieure aux impenses.

La situation du tiers constructeur de mauvaise foi est donc plus favorable par l'article 555 que celle que lui auraient faites les règles de l'action *de in rem verso*.

On s'explique d'autant moins cette disposition particulière du législateur, que la situation du constructeur de bonne foi est, sur un point, moins favorablement réglée : abstraction faite de cette considération que le constructeur de bonne foi ne peut être forcé à démolir, il convient de remarquer que le propriétaire aura le choix ou de lui rembourser le montant de ses impenses, ou de lui rembourser la plus-value. Le constructeur de bonne foi est donc

(1) Deuxième partie, chapitre IV, page 95.

exposé à recevoir moins que le constructeur de mauvaise foi.

La doctrine est unanime à critiquer cette conséquence plus apparente que réelle de l'article 555. Une application pure et simple des règles de la *versio in rem* eût évité ce reproche d'*inelegantiæ juris*.

Il est admis d'une manière unanime et conformément à l'intention du législateur, qui s'est manifestée clairement dans les travaux préparatoires, que l'article 555 vise seulement les cas où le tiers constructeur se considère comme propriétaire du fonds, et qu'il ne peut être appliqué lorsque ce même tiers détient le fonds pour le compte d'un autre.

C'est ce qui aura lieu, par exemple, lorsque les travaux auront été faits en cette qualité par un administrateur, un mandataire, un gérant d'affaires, un propriétaire sous condition résolutoire, un cohéritier, un coassocié ou tout autre copropriétaire, ou enfin un fermier ou un locataire (1).

Nous retrouverons la plupart de ces hypothèses. Remarquons cependant, dès à présent, qu'il y a une singulière contradiction à admettre qu'elles échappent à la définition de l'article 555 et à leur appliquer en même temps les dispositions toutes spéciales

____

(1) Voir pour le propriétaire sous condition résolutoire, page 120 ; pour le locataire, page 118.

de cet article (1). Il faut remonter à la règle générale, qui n'est pas l'article 555, mais la *versio in rem.* pour en appliquer les effets toutes les fois qu'un texte n'en aura pas décidé autrement.

Les cas d'accession que nous venons d'envisager concernent les choses immobilières. Nous retrouverons les mêmes dispositions relativement aux choses mobilières.

L'article 565, qui subordonne cette matière « aux principes de l'équité naturelle », nous prépare ainsi au rôle de l'action *de in rem verso,* et l'article 570 la consacre expressément en décidant que lorsque une personne « a employé une matière qui ne lui appartenait pas à former une chose d'une nouvelle espèce, soit que la matière première puisse reprendre ou non sa première forme, celui qui en était propriétaire a le droit de réclamer la chose qui en a été formée, en remboursant le prix de la main-d'œuvre » (2).

---

(1) Demolombe, tome IX, § 691, 693.

Aubry et Rau, tome II, § 204.

Ces auteurs donnent prise à cette critique.

Ils diffèrent d'ailleurs entre eux sur la mesure dans laquelle il convient d'appliquer les effets de l'article 555.

(2) Cet article appelle la même observation que nous avons déjà faite sous l'article 555 ; il consacre le principe de l'action *de in rem verso,* mais non ses effets, puisqu'il impose au propriétaire le remboursement du prix de la main-d'œuvre, et non celui de la plus-value.

L'action *de in rem verso* ne saurait s'exercer dans les hypohèses où le législateur paraît avoir manifesté l'intention de l'écarter. C'est ce qui arrive à l'article 599 qui dispose notamment que « l'usufruitier ne peut à la cessation de l'usufruit, réclamer aucune indemnité pour les améliorations qu'il prétendrait avoir faites, encore que la valeur de la chose en fut augmentée ».

Des considérations spéciales à la matière font ici échec à notre principe général, et le souci d'éviter des comptes minutieux entre le nu-propriétaire et l'usufruitier, ainsi que celui d'empêcher le nu-propriétaire d'être grevé malgré lui de lourdes obligations, ont visiblement inspiré cette disposition (1).

Nous ne ferons nulle difficulté de le reconnaître, quelle que soit notre tendance à étendre le principe équitable de la *versio in rem* : celle-ci ne doit pas prévaloir contre les intentions manifestes du législateur, lorsqu'elles s'appuient sur d'aussi justes raisons. Aussi ne partagerons-nous pas l'opinion de ceux qui argumentent du mot améliorations pour accorder à l'usufruitier le droit de répéter les impenses qu'il aurait faites en construisant (2). L'action

---

(1) Ajoutons enfin que, l'usufruitier, connaissant le propriétaire, n'avait qu'à s'entendre avec lui.

(2) Aubry et Rau, II, p. 246, § 204, note 25. — Demolombe, tome IX, § 696.

de in rem verso sert à suppléer au silence du Code et à éclairer ses dispositions ambiguës, non à contredire celles qui la repoussent.

Bien que la communauté soit usufruitière des biens propres des époux, le Code n'a pas maintenu à son égard l'exception dont nous venons de nous occuper, et nous retrouvons la *versio in rem* à l'article 1437 : « Toutes les fois qu'il est pris sur la communauté une somme, soit pour acquitter les dettes ou charges personnelles à l'un des époux, etc....., soit pour la conservation ou l'amélioration de ses biens personnels, et généralement toutes les fois que l'un des époux a tiré un profit personnel des biens de la communauté, il en doit la récompense. » Toute la théorie des récompenses est d'ailleurs essentiellement fondée sur la règle qu'aucun des trois patrimoines ne peut s'enrichir au détriment de l'un des deux autres. Mais nous devons remarquer que l'action *de in rem verso* proprement dite ne joue ici aucun rôle. Dans la théorie des récompenses, en effet, il y a contrat entre les époux, et le principe est sanctionné par l'action du contrat, tandis que l'action *de in rem verso* sanctionne, nous l'avons vu (1), les obligations nées des quasi-contrats ou de la loi.

A l'occasion du Commodat, les impenses que l'em-

____

(1) Voir pages 71 et suiv.

prunteur peut être exposé à faire sur la chose prêtée sont prévues et réglées par l'article 1890, dont les termes énoncent clairement une disposition limitative à laquelle l'action *de in rem verso* ne doit pas suppléer : il ne serait pas équitable que le prêteur qui rend un *service* purement *gratuit* à l'emprunteur fut grevé sans son consentement des frais que le prêteur aurait l'idée de faire de son chef.

Notre action interviendra, au contraire, pour permettre au dépositaire de répéter les impenses utiles qu'il aurait faites sur la chose déposée ; l'article 1947 ne visant que « les dépenses faites pour la conservation », c'est-à-dire les dépenses nécessaires (1).

La situation du locataire qui construit sur l'immeuble loué, non prévue au Code, soulève bien des difficultés.

Nous envisageons, bien entendu, le cas où le propriétaire n'a pas renoncé à son droit d'accession, et où une clause du bail ne règle pas la situation des parties.

Dans cette hypothèse, qui est l'hypothèse normale, les auteurs admettent en général le principe de la *versio in rem* (2), mais ils se divisent sur ses effets.

Les uns invoquent l'article 555 et se séparent en-

---

(1) Sic. Guillouard, *Traité du Dépôt*, nº 112.
(2) Baudry-Lacantinerie et Wahl, *Contrat de Louage*, tome I, § 474.

suite pour permettre ou non l'enlèvement (1). Les autres se réfèrent à l'article 1375.

Nous répéterons ici ce que nous avons déjà soutenu : ces articles ne peuvent être directement invoqués. Le propriétaire acquiert les constructions par droit d'accession, le locataire ne peut donc les enlever de son propre mouvement; mais le bailleur pourra le forcer à l'enlèvement à la fin du bail, conformément à l'article 1730. Enfin l'action *de in rem verso* sera accordée au preneur contre le bailleur si celui-ci garde les constructions, et, d'une manière générale, dans tous les cas où ce dernier s'enrichirait sans cause au détriment du premier.

(1) Guillouard, *Contrat de Louage*, t. I, § 296.
Aubry et Rau, t. IV, page 204.
Laurent, t. XXV, § 179.

SECTION II

IMPENSES FAITES SUR UNE CHOSE PAR UN PROPRIÉTAIRE SOUS
CONDITION RÉSOLUTOIRE.

Le Code s'explique formellement sur plusieurs hypothèses où un propriétaire ayant fait des impenses sur sa chose, son droit de propriété vient à être résolu.

Ainsi les articles 861 et 862, qui règlent la situation du donataire, soumis au rapport d'immeubles, et dont le droit se trouve rétroactivement résolu, sont l'expression exacte non seulement du principe, mais encore des effets de la *versio in rem*. Le donataire obtiendra la bonification de ses impenses nécessaires intégralement, article 862, et de ses impenses utiles selon la plus-value, article 861.

Les articles 1634 et 1635, qui concernent l'acquéreur évincé, confirment son droit à l'action *de in rem verso*, dont ils modifient seulement les effets, en les étendant ici aux impenses voluptuaires dans le cas où le vendeur aurait vendu de mauvaise foi le fonds d'autrui.

Enfin c'est encore une action *de in rem verso*, (garantie expressément par le droit de retention), que l'article 1673 accorde à l'acheteur contre le vendeur lorsque celui-ci use du pacte de rachat.

A tous ces exemples d'*in rem versum* sanctionnés par le Code, nous ajouterons celui du tiers détenteur d'un fonds grevé de privilège ou d'hypothèque. Son droit de propriété n'est cependant pas résolu ; il cesse seulement pour l'avenir à partir de l'adjudication.

L'article 2175 donne à ce tiers détenteur le droit de « répéter ses impenses et améliorations jusqu'à concurrence de la plus-value résultant de l'amélioration ».

On discute beaucoup pour savoir si cette disposition doit être étendue aux impenses nécessaires, et quelques auteurs, s'inspirant de la lettre de ce texte, restreignent le droit du tiers détenteur à la répétition des impenses utiles.

La question ne nous paraît faire aucun doute : l'article 2175 n'est qu'une application particulière du principe général de la *versio in rem* ; le législateur n'avait aucune raison de refuser au tiers détenteur le droit de répéter ses impenses nécessaires, du moment qu'il lui accordait celui de répéter les impenses utiles (1).

(1) Voir dans ce sens : Dalloz, *Jurisprudence générale*, Vᵒ *Privil. et Hypoth.*, nᵒ 1958.

En sens contraire : Baudry-Lacantinerie, et de Loynes, *Privi*

Toutes les hypothèses que nous venons de passer en revue nous ont fourni par des textes du Code la vérification du principe de l'action *de in rem verso*, et souvent aussi de ses effets. Passons maintenant à l'examen de quelques cas non prévus. C'est pour ceux-là surtout que l'intérêt de notre action est manifeste.

Lorsqu'un absent reparaît, les envoyés en possession qui auront fait des impenses sur ses biens, pourront-ils les répéter? Le Code est muet. Nous n'hésiterons pas à leur accorder l'action *de in rem verso* (1).

De même, en cas de retour légal, nous considérerons l'ascendant donateur comme obligé, malgré le silence du Code, et par l'action *de in rem verso*, à la bonification des impenses vis-à-vis de la succession du donataire.

De même encore pour le retour conventionnel.

Enfin nous appliquerons notre action, d'accord avec les auteurs et la jurisprudence, dans les divers

lèges et Hypothèques, t. III. p. 419 ; Aubry et Rau, t. III, p. 451 et note 56. — L'opinion de ces derniers auteurs nous paraît d'autant plus surprenante qu'ils rattachent précisément la disposition de l'art. 2175 au principe de la *versio in rem*. Or ce principe a autant d'effet à l'égard des impenses nécessaires qu'à l'égard des impenses utiles. Dans les deux catégories d'impenses il y a un fait du tiers détenteur enrichissant les créanciers hypotécaires.

(1) En ce sens : Aubry et Rau, V^e édition, tome I, page 946, et les nombreuses autorités citées note 10, § 157.

cas de Révocation des Donations et Legs, toutes les
fois que ses conditions se trouveront réunies pour
poursuivre un enrichissement injuste.

SECTION III

IMPENSES FAITES AVEC LA CHOSE D'AUTRUI.

Le propriétaire qui emploie la chose d'autrui à améliorer sa propre chose, est tenu de rembourser la valeur dont il s'enrichit. C'est l'hypothèse de l'article 554 : « Le propriétaire du sol qui a fait des constructions, plantations et ouvrages avec des matériaux qui ne lui appartenaient pas, doit en payer la valeur ; il peut aussi être condamné à des dommages et intérêts s'il y a lieu : mais le propriétaire des matériaux n'a pas le droit de les enlever. »

On voit par cet article qui n'est qu'une application du principe (1) de là *versio in rem* que notre action ne naît pas seulement, comme on le dit quelquefois (2), du fait d'une personne qui a procuré à une autre un enrichissement, mais aussi du fait d'une personne qui s'est enrichie elle-même.

----

(1) Quant aux effets ils sont plus étendus.

(2) La doctrine semble faire abstraction de l'art. 554 dans la théorie de notre action : on oublie généralement de le citer parmi les articles du Code qui lui servent de fondement.

CHAPITRE II

INCAPACITÉ.

—

La situation que le Code civil fait aux incapables donne lieu à plusieurs applications de l'action *de in rem verso*. Nous examinerons séparément celles qui résultent des contrats et celles qui résultent des quasi-contrats.

I. — Conséquences de l'incapacité de s'obliger dans les contrats.

La règle générale est posée à l'article 1312 : « Lorsque les mineurs, les interdits ou les femmes mariées sont admis, en ces qualités, à se faire restituer contre leurs engagements, le remboursement de ce qui aurait été, en conséquence de ces engagements, payé pendant la minorité, l'interdiction ou le mariage, ne peut en être exigé, à moins qu'il ne soit prouvé que ce qui a été payé a tourné à leur profit. »

C'est l'enrichissement sans cause qui est sanctionné ici, pour tous les contrats attaqués pour cause d'incapacité. Du principe général, le législateur a cru bon de donner quelques applications particulières qui, d'ailleurs, n'y ajoutent rien :

Article 1241 : « Le payement fait à un incapable n'est point valable s'il était incapable de le recevoir, à moins que le débiteur ne prouve que la chose payée a tourné au profit du créancier. »

L'article 1926 envisage le cas de dépôt : « Si le dépôt a été fait par une personne capable à une personne qui ne l'est pas, la personne qui a fait le dépôt n'a que l'action en revendication de la chose déposée, tant qu'elle existe dans la main du dépositaire, ou une action en restitution jusqu'à concurrence de ce qui a tourné au profit de ce dernier. »

Cet article suppose évidemment que l'incapable a aliéné, perdu ou laissé dépérir la chose déposée : le déposant n'a qu'à s'en prendre à lui, il devait mieux choisir son dépositaire, car celui-ci demandera la nullité du contrat, pour échapper à toute responsabilité ; mais comme il serait inique qu'il s'enrichît aux dépens du déposant, celui-ci jouira de l'action *de in rem verso.*

C'est toujours notre action que l'article 1990 accorde au mandant : « Les femmes et les mineurs émancipés peuvent être choisis pour mandataires ; mais le mandant n'a d'action contre le mandataire mineur que d'après les règles générales relatives aux obligations des mineurs, et contre la femme mariée et qui a accepté le mandat sans autorisation de son mari, que d'après les règles établies au titre du contrat de mariage et des droits respectifs des époux. »

Les effets du mandat ne changent pas au point de vue des rapports du mandant avec les tiers, mais le mandant, au lieu de jouir contre le mandataire incapable, la femme mariée non autorisée, par exemple, de l'action *mandati directa*, n'aura que l'action *de in rem verso*.

Toutes ces dispositions de détail étaient inutiles, étant donné la généralité de l'article 1312 ; elles ne présentent point de difficulté. Il n'en est pas de même dans les quasi-contrats auxquels nous arrivons.

II. — Conséquences de l'incapacité de s'obliger dans les quasi-contrats (1).

Le silence du Code fait ici contraste avec la prolixité que nous venons de rencontrer. Pour y suppléer deux systèmes se présentent.

1° Dans une première opinion, les engagements qui se forment sans convention ont pour source unique la loi ; c'est d'elle seule que dérivent les obligations de cette catégorie, la volonté n'y est pour rien,

---

(1) Voir sur ce sujet : Guénée, *De la capacité de s'obliger dans les quasi-contrats. (Revue critique* 1887, pages 326-334).

et il est par conséquent inutile d'envisager la question de capacité.

Dans le quasi-contrat de gestion d'affaires, par exemple, l'incapable, agissant comme gérant, est tenu *lege* de rendre compte au maître ; l'incapacité ne peut diminuer l'obligation quasi-contractuelle, et ce maître jouit pleinement de l'action *negotiorum gestorum directa* et non pas de l'action *de in rem verso*.

Cette théorie n'est pas la nôtre. Nous l'avons déjà dit, l'obligation dans les quasi-contrats naît du fait licite volontaire et personnel de l'une des parties, sanctionné *médiatement* par la loi ; il faut donc tenir compte de la volonté, et de l'influence que l'incapacité peut exercer sur cette volonté dans les quasi-contrats.

2° Le second système, qui est approuvé par la majorité des auteurs et par la jurisprudence, fait une distinction :

L'incapable, dans les quasi-contrats, est obligé par son fait lorsqu'il joue le rôle actif, celui de gérant d'affaires par exemple ; sa volonté intervient alors, et il y a donc lieu de tenir compte de sa capacité pour régler les conséquences de l'obligation de la même manière que dans les contrats. L'action *negotiorum gestorum directa* ne saurait donc appartenir au maître contre lui, mais seulement l'action *de in rem verso*.

Si l'incapable, au contraire, joue le rôle passif, s'il est le maître dont un tiers gère l'affaire, on ne voit pas quel rôle joue sa volonté, ni par conséquent sa capacité, dans la formation de l'obligation qui dérive uniquement ici de l'autorité de la loi, et l'on accorde au tiers contre l'incapable l'action *negotiorum gestorum contraria* (1).

Ce système qui a pour lui l'autorité de Pothier (2), nous paraît très justifié pour la première hypothèse ; dans la seconde, il aboutit à traiter le gérant d'affaires d'un incapable plus favorablement qu'il ne conviendrait, croyons-nous. Est-il bien juridique de diviser en deux parties le quasi-contrat, pour voir dans l'une une obligation légale, et dans l'autre une obligation née d'un fait volontaire ? Le quasi-contrat forme un tout indivisible, et c'est le fait volontaire d'une partie qui crée l'obligation chez l'autre, non la loi. Quant au rôle de la volonté, s'il est évident chez le gérant, il peut n'être pas totalement absent chez le maître, puisque celui-ci peut toujours. de son propre mouvement, arrêter les effets du quasi-contrat. s'il le connaît, quand il le juge bon, en défendant au gérant de continuer sa gestion.

L'action *de in rem verso* nous paraît donc seule

____

(1) Sic. Demolombe, tome XXXI, n° 92 et suiv.

  Aubry et Rau, tome IV, § 441, note 1, page 722.

  Laurent, tome XX, n° 312.

(2) Pothier, *Traité de la puissance du mari*, n° 50.

devoir être accordée contre l'incapable, dans la seconde hypothèse aussi bien que dans la première.

Cette conclusion nous sera d'une grande utilité lorsque nous examinerons le rôle de l'action *de in rem
verso* à l'égard des personnes morales administratives.

Notre action s'exécutera généralement sans difficulté sur les biens de l'incapable, sauf quand elle
compétera contre une femme mariée sous le régime
dotal : « Peut-elle prévaloir sur l'inaliénabilité de la
dot? Non certainement, si l'enrichissement n'a point
été conféré à la dot elle-même, par exemple s'il a été
conféré à un bien paraphernal, s'il s'agit d'aliments
fournis à la famille, ou d'un paiement qui a tiré le
mari de prison. Mais supposons qu'il ait été conféré
à la dot elle-même et qu'elle en soit augmentée.
Prenons l'action *de in dotem verso*. Ainsi, des impenses nécessaires ou simplement utiles ont été faites
sur un immeuble dotal et l'ont accru d'une plus-
value. Dans ce cas, la question est controversée.
Pour soutenir la négative, on invoque cet argument.... que la dot ne peut être aliénée, même pour
les causes déterminées par l'article 1558, que si l'o-
bligation, née pendant le mariage où elles se rencontrent est née avec permission de justice. »

L'auteur adopte la solution affirmative pour les
raisons suivantes (1) : Le principe de l'inaliénabilité

____

(1) Poisnel, *De la gestion d'affaires et de l'action « de in rem*

n'est destiné qu'à conserver la dot, non à l'augmenter injustement.

Il s'agit d'un passif qui fait partie de la dot elle-même, pour le payer on la purge plutôt qu'on ne l'aliène, après qu'il est payé, elle n'est pas moindre, elle est nette. L'action *de in rem verso* paraît donc, comme les délits et les quasi-délits de la femme, supérieure à l'inaliénabilité.

Ces raisons nous paraissent fort concluantes, mais la jurisprudence décide que la femme n'est pas tenue sur sa dot des obligations nées pendant le mariage de faits constitutifs de quasi-contrats, mais seulement des conséquences de ses délits ou quasi-délits (1).

verso » en Droit romain et en droit français, thèse, Caen, 1872, pages 84 et suiv.

(1) Dalloz, 93, 1, 349.

APPENDICE

INCAPABLES DU DROIT ADMINISTRATIF.

Les incapables du droit administratif peuvent-ils être obligés par le fait d'un tiers, et dans quelle mesure ?

La question, qui est d'un grand intérêt pratique, et qui donne lieu à controverses, met en jeu comme nous allons le voir l'action *de in rem verso*.

L'hypothèse est celle ou un tiers a fait des avances ou exécuté des travaux pour le compte d'une personne morale administrative.

Une première solution (1) consiste à accorder au tiers l'action *negotiorum gestorum contraria*. L'incapacité du géré, dit-on toujours suivant cette théorie que nous connaissons bien, n'a pas à être envi-

(1) En ce sens : Aubry et Rau, t. IV, § 441, p. 723, no 10.
            Laurent, tome XX, no 339.
            Demolombe, tome XXXI, no 100.
            Guénée, op. cit., page 339.
Quelques-uns limitent aux dépenses obligatoires le recours du gérant.

sagée ici, puisque ses obligations ont pour origine, non son fait personnel, mais l'autorité de la loi ; rien ne s'oppose donc à la formation du quasi-contrat de gestion d'affaires.

Ce système est vivement combattu par ceux qui refusent tout recours au tiers en l'espèce : « Il suffirait donc à un maire ou à un particulier de prouver qu'il a matériellement effectué une dépense dans l'intérèt de la commune, pour qu'il ait droit à se la faire rembourser ? Les règles qui prohibent les *comptabilités occultes*, qui exigent, suivant les cas, soit une autorisation du tuteur administratif, soit un vote du Conseil municipal, pourront donc ètre impunément éludées ! Il s'agit en réalité de sauvegarder le droit des contribuables. Ce qui est en jeu, comme on l'a fait remarquer avec raison, c'est le principe, qui est la base de notre droit public, de l'adhésion des contribuables à l'impôt, et à l'emploi de l'impôt. Il faut donc décider que les règles de la gestion d'affaires ne sauraient recevoir aucune application, quand le maître dont on prétend que l'affaire a été utilement gérée, est une personne morale administrative (1). »

Une troisième solution a été proposée, qui nous paraît résoudre fort heureusement la difficulté en

____

(1) Huc, op. cit., tome 8, page 495.

Dans le même sens : Marquès di Braga et Camille Lyon. — *Répertoire de Droit administratif* de Béquet, V⁰ *Comptabilité de fait.*

accordant au tiers l'action de *in rem verso*. Nous adopterons d'autant plus volontiers cette théorie, que nous ne saurions accorder au tiers l'action de gestion d'affaires, parce que la personne morale a, selon nous, le droit de la repousser en invoquant son incapacité (1). Quant au conflit existant entre l'équité, qui se refuse à admettre l'enrichissement sans cause, et les règles de la comptabilité publique, il sera un peu atténué avec l'action *de in rem verso* dont les effets sont généralement moins favorables que ceux de l'action de gestion d'affaires (2).

La jurisprudence est fort indécise, et ses arrêts se sont, tour à tour, inspirés de chacune des trois théories que nous venons de passer en revue.

Ainsi, le Conseil d'Etat, après avoir commencé par refuser toute espèce de recours (8 avril 1842, Sirey, 1842, 2, 321), peut être regardé comme ayant tendance à admettre l'action *de in rem verso*. (Dalloz, 86, 3, 36) (id., 90, 3, 38).

Quant aux tribunaux judiciaires, leur point de départ a été comme pour le Conseil d'Etat, le refus de

(1) Voir page 129.

(2) Ce système a été proposé par M. Michoud. (*Annales de l'enseignement supérieur de Grenoble*, 1893, tome V, page 65) (*De la gestion d'affaires appliquée aux services publics.*

Il a été ainsi critiqué par M. Hauriou, note sous Cassat., 6 juin 1893. — Sirey, 1895, 1, 186 : « La distinction de M. Michoud est ingénieuse et fine, mais outre que la jurisprudence aurait de la peine à l'appliquer, à cause de sa délicatesse même, elle ne cons-

toute action (Dalloz, 1860, 1, 309). En 1870, ils admettent l'*in rem versum* (Dalloz, 1871, 1, 142), puis la gestion d'affaires (D. 75, 1, 457) (D. 93, 2, 316), un autre arrêt (D. 93, 1, 385), revient au système du refus de toute action.

Enfin une décision récente applique la *versio in rem* (Sirey 1895, 2, 209).

Ces variations s'expliquent par le conflit dont nous avons parlé entre l'équité et les règlements administratifs ; mais il ne peut y avoir aucune difficulté quand ce conflit est impossible : « C'est ce qui aura lieu par exception, conclut M. Huc (1), toutes les fois qu'il s'agira d'une dépense imposée par une force majeure, et devant être effectuée sans délibérations du conseil municipal, ni approbation de l'autorité supérieure, dans le cas, par exemple, des réquisitions faites par l'ennemi, imposées à la commune et payées par un particulier seul. »

---

titue pas une position de défense solide. » Ce manque de confiance en la jurisprudence est pourtant contredit par plusieurs décisions que nous relatons ci-contre. Et quant à la solidité du système, nous avons essayer de prouver qu'il est le plus juridique.

(1) Op, cit., tome 8, page 497.

CHAPITRE III

GESTION D'AFFAIRES ANORMALE.

—

D'après l'article 1372, il y a gestion d'affaires,
« lorsque volontairement on gère l'affaire d'autrui,
soit que le propriétaire connaisse la gestion, soit qu'il
l'ignore ». Nous nous sommes déjà expliqué sur le
sens et la portée de cette définition insuffisante, et
nous n'y revenons que pour examiner les divers cas
qui lui échappent, et que les auteurs examinent ha-
bituellement à l'occasion de la gestion d'affaires, bien
qu'il ne se rencontre pas dans la plupart de ces hypothèses les conditions relatives à ce quasi-contrat.
C'est seulement l'*in rem versum* qui oblige alors le
prétendu maître de l'affaire, ainsi que nous allons le
voir.

I. — Une personne croyant faire sa propre affaire, a fait en réalité celle d'une autre.

II. — Une personne croyant faire les affaires de

telle personne déterminée, a fait en réalité celle d'une autre.

Ces deux hypothèses se ramènent à une seule, et il n'y a là au fond qu'une simple erreur sur la personne du véritable maître de l'affaire ; c'est ce qui a déterminé plusieurs auteurs à leur appliquer les règles de la gestion d'affaires : « Selon nous, dit Marcadé (1), le quasi-contrat de gestion d'affaires doit se voir dans toute gestion de l'affaire d'autrui, même faite dans la pensée que c'était l'affaire d'autrui, et sans intention dès lors d'obliger autrui. »... Il établit ensuite sa théorie d'après l'analogie de la réception de l'indû pour conclure que « si le fait constitutif du quasi-contrat doit être volontaire, il n'est pas nécessaire qu'il soit volontaire en ce sens qu'il soit fait erreur sur sa nature et avec la volonté de s'obliger ».

Laurent repousse cette opinion avec la majorité des auteurs (2) : « Peut-on accorder une action de gestion d'affaires à celui qui n'a pas entendu gérer l'affaire d'autrui, et qui peut-être, ne l'aurait pas fait, s'il avait su que lui-même n'y était pas intéressé ? Il est

---

(1) Tome V, p. 281.
Dans le même sens : Duranton, tome XIII, § 647 et suiv.
(2) Aubry et Rau, tome IV, § 441.
  Demante et Colmet de Santerre, tome V, § 349 bis.
  Demolombe, tome XXXI, § 103.
  Baudry-Lacantinerie, II, § 1334 bis.

certain que l'élément de volonté fait défaut, or je ne puis acquérir un droit sans volonté. On objecte l'équité, or l'équité reçoit satisfaction puisqu'on donnera l'action *de in rem verso*, moins favorable, mais cela se comprend (1). »

En effet, le quasi-contrat de gestion d'affaires ne s'étant pas formé ici, il se sera produit chez le maître une obligation de restituer l'*in rem versum*.

III. — Une personne a fait les affaires d'une autre, non en vue de lui être utile, mais uniquement dans son propre intérêt, et dans un but de lucre ou même de fraude.

Sur ce point la doctrine est unanime : il ne saurait y avoir gestion d'affaires ; les apparences même de ce quasi-contrat font totalement défaut. Mais convient-il d'accorder l'action *de in rem verso* à l'auteur de l'enrichissement ?

Une distinction est nécessaire.

Celui qui, sans s'immiscer aucunement dans les affaires de personne, en exécutant par exemple des travaux sur son propre terrain, se trouve avoir procuré un avantage à un tiers, ne jouira pas de notre action ; en effet, l'affaire de ce dernier n'a pas été faite ; et où serait chez ce tiers l'enrichissement aux dépens d'autrui qu'exige la *versio in rem*, s'il ne remboursait pas l'auteur des travaux : celui-ci ne

____

(1) Laurent, tome XX, § 324.

sera lésé dans aucun de ses droits par l'inaction (consistant dans le non-remboursement) de la personne avantagée.

Il faut donc supposer pour accorder l'action *de in rem verso* à une personne agissant uniquement dans son intérêt, un fait direct enrichissant autrui.

L'hypothèse s'est présentée devant la Cour de cassation : Letellier ayant acheté au Hâvre des blés d'Amérique, et donné un acompte, disparut ensuite ; Derode revendit les blés dans son propre intérêt autant que comme gérant d'affaires au compte de Letellier. Celui-ci demanda plus tard la résolution de la vente pour violation de l'article 1372.

La prétention de Letellier était, selon nous, justifiée : le quasi-contrat de gestion d'affaires n'existait pas ; mais il convenait de donner à Derode l'action *de in rem verso*. Elle ne fut pas invoquée en l'espèce, et c'est ce qui amena la Cour de cassation à rendre cet arrêt que nous avons déjà critiqué, où il est dit : « Le quasi-contrat de gestion d'affaires naît du fait même de la gestion et de la loi, et non de l'intention des parties ; il importe donc peu que le gérant ait entendu agir tant dans son intérêt que dans l'intérêt d'un tiers, si en réalité ce tiers était intéressé à l'acte de gestion et en a profité (1). »

Quant à celui qui agirait non seulement dans son

(1) Dalloz, 1872, 1, 471. — Voir page 61, note 1.

intérêt personnel mais même dans un but de fraude, convient-il de lui refuser notre action? La fraude pourra en effet se heurter à la maxime *nemo auditur propriam turpitudinem allegans*, et sa constatation aura généralement pour effet le rejet de la demande. Remarquons seulement la tendance que manifeste la jurisprudence à abandonner cette maxime traditionnelle (1).

IV. — Une personne a fait les affaires d'une autre malgré sa défense formelle.

A propos de cette hypothèse, quelques auteurs (2) invoquent, pour refuser toute action, une décision de Justinien, et la présomption *donasse videtur*.

La première raison est sans pertinence, et on peut lui opposer l'opinion contraire de Pothier ; quant à la seconde, il est évident que si le prétendu gérant voulait réellement faire une libéralité, il n'aura pas le droit de répéter ses déboursés (3).

Mais là n'est pas la question, et peut-on présumer qu'il aura voulu faire une libéralité? Rien n'impose ici cette présomption *donasse videtur*.

Il peut arriver, dans certains cas tout à fait spé-

---

(1) V. Sirey, 90, 2, 97, et la note de M. Meynial.

(2) Toullier, tome XI, § 55. — Laurent, tome XX, § 336.

(3) Il est bien évident aussi que le maître de l'affaire pourra en général arrêter par sa défense toute gestion intempestive faite par un tiers.

Voir Dalloz, 1852, 1, 226.

Demolombe, tome XXXI, § 88.

ciaux, qu'une personne ait de bonnes raisons de s'ingérer dans les affaires d'une autre malgré sa défense : intérêt public (1), intérêt d'affection ou d'honneur de famille. Nous n'hésitons pas à lui accorder une action, si toutefois ces motifs sont vraiment impérieux : ce ne sera pas l'action *negotiorum gestorum contraria*, car « il y a contradiction à dire que je fais l'affaire d'une personne malgré elle », mais l'action *de in rem verso* (2).

On peut rapprocher de ces diverses hypothèses celle où une personne paye la dette d'un tiers malgré lui ou par erreur.

Lorsqu'une personne qui, par erreur, se croyait débitrice, a acquitté une dette, elle aura, conformément à l'article 1377, le droit de répétition contre le véritable créancier.

Mais, ajoute le même article 1377 *in fine*, « ce droit cesse dans le cas où le créancier a supprimé son titre par suite du paiement, sauf le recours de celui qui a payé contre le véritable débiteur ».

Quelle sera alors la nature du recours de celui qui a payé contre le véritable débiteur ? « Devons-nous y voir, puisque nous sommes en effet dans cette

----

(1) V. sur l'intérêt public, pages 132 et suiv.

En ce sens : Aubry et Rau, tome IV, § 441, page 725.

Huc tome 8, page 497.

(2) Laurent, tome XX, § 338.

Voir Dalloz, 1852, 1, 226.

matière, une action en répétition du paiement de
l'indû ? Peut-être pourrait-on lui assigner ce caractère,
en ne considérant que le demandeur, qui a payé une
somme qu'il ne devait pas, et qui en poursuit le re-
couvrement. Mais comment cela serait-il possible en
ce qui concerne le défendeur, le débiteur véritable ?
L'action en répétition du paiement de l'indû tend à
faire rendre, par le défendeur, ce qu'il a reçu indûment ; or, le défendeur, le débiteur véritable, n'a
rien reçu ; donc il n'a rien à rendre.

Et cette action en répétition du paiement de l'indû
proprement dite, ainsi considérée, ne saurait être
exercée contre lui.

Aussi pensons-nous que la véritable action qui
appartient alors contre le débiteur véritable au tiers
qui a payé le créancier est une action *de in rem
verso.* »

Et Demolombe (1) ajoute que l'action *negotiorum
gestorum contraria* doit être écartée ici, puisque le
tiers n'avait pas l'intention de gérer l'affaire du véritable débiteur. C'est donc l'action *de in rem verso*
qui lui appartiendra.

V. — Un gérant d'affaires traite avec un tiers au
nom du maître, sans vouloir prendre d'engagement
personnel.

Dans la gestion d'affaires normale, le gérant ayant

____

(1) Demolombe, t. 31, p. 271.

traité à la fois au nom du maître et en son nom personnel, le maître est obligé par ce que l'on a appelé une ratification légale, et l'action de gestion d'affaires appartient non seulement au gérant contre le maître, mais encore au tiers contre ce dernier (1).

Telle n'est pas notre hypothèse : nous imaginons le cas où, par exemple, une personne a fait marché avec un architecte pour une réparation urgente à faire à la maison d'un ami absent, en expliquant qu'elle traite au nom du maître de la maison, et non pas en son nom personnel, car elle n'entend pas s'engager.

Si l'architecte traite dans ces conditions, quelques auteurs décident qu'il aura action contre le maître de la maison, mais non contre le gérant (2).

« Est-il bien vrai, dit M. Huc (3), que dans le cas envisagé, il y ait quasi-contrat de gestion d'affaires entre le prétendu gérant et le maître de la maison ? Nous ne le pensons pas : Le prétendu gérant n'a voulu s'obliger vis-à-vis de personne, ni obliger personne vis-à-vis de lui-même ; il s'est borné à donner une indication à l'architecte, donc il n'y a pas eu

____

(1) Demolombe, tome XXXI, § 208.

(2) Laurent, t. 20, n⁰ 332.

    Demolombe, t. 31, n⁰ 191.

    Baudry-Lacantinerie, t. 2, n⁰ 1337.

(3) *Commentaire théorique et pratique du Code civil*, 1895, t. 8, page 508.

gestion d'affaires. Si l'architecte, en exécution de cette convention, répare la maison, y aura-t-il gestion d'affaires vis-à-vis du propriétaire? Non, puisqu'il a voulu tout simplement exécuter la convention. Le maître aura-t-il action contre lui pour le contraindre à exécuter la convention? Non, car la stipulation faite au nom du maître ne répond pas aux exigences de l'article 1121. Que reste-t-il donc? Un acte de l'architecte qui pourra lui permettre d'agir *de in rem verso* s'il a procuré un enrichissement au maître (1). »

C'est encore l'action *de in rem verso* que la jurisprudence accordait sans la nommer, dans une espèce qui se rapproche de la précédente, et où un mandataire avait traité en son nom personnel avec un tiers sans lui faire connaître son mandat (2) : « La Cour, considérant

---

(1) L'hypothèse sera du reste peu fréquente, car, comme le remarque M. Huc, les tiers exigeront le plus souvent que celui qui vient leur proposer de travailler pour un autre s'engage personnellement lui-même, et il y aura alors quasi-contrat de gestion d'affaires.

(2) Dalloz, 1854, 5, 483.

Laurent (tome 28, nº 63) critique cet arrêt pour deux raisons :

1º là où il n'y a pas d'apparence de gestion d'affaires, pas d'action ;

2º L'action oblique de l'art. 1166 existant en l'espèce, devait faire écarter l'action *de in rem verso*.

Nous avons déjà rencontré et discuté ces arguments. Voir pour le premier, page 138, et pour le second, page 89, où nous avons demandé de quel droit on ferait de notre action une action subsidiaire.

G. R. 10

que si Dufaud a traité en son nom personnel avec des tiers sans donner connaissance de son mandat, il n'est pas moins vrai que les travaux, exécutés par suite de ses traités, ont été faits sur la chose dont de Galiéra est et se reconnaît propriétaire dans ses conclusions signifiées ; que ces travaux nécessaires et de première utilité lui ont profité, et que s'il ne les payait pas il s'enrichirait aux dépens d'autrui ; que cette circonstance laisse sans application les principes invoqués par l'appelant sur la non-responsabilité du mandant dont le nom n'avait pas été révélé dans les actes de son mandataire ; qu'il importe peu que Francastel ait produit comme créancier à la liquidation de Dufaud ; que son droit contre ce dernier n'empêche pas celui qu'il a d'un autre chef contre de Galiéra, etc. »

Rappelons enfin, et pour terminer, que dans la plupart des cas où le quasi-contrat de gestion d'affaires ne se forme pas, soit pour l'une des raisons que nous avons indiquées, soit pour tout autre, il naîtra cependant *de l'in rem versum* une obligation de restituer, sanctionnée par notre action *de in rem verso*.

CHAPITRE IV

SOCIÉTÉS.

—

C'est le rôle de l'action *de in rem verso* en matière de sociétés qui a fourni surtout, nous l'avons vu, à la doctrine (1), l'occasion de s'expliquer accidentellement sur son principe et sa portée. La question ne se résout généralement aujourd'hui que par le refus de l'action.

Un tiers contracte avec un associé, et la société, dont celui-ci fait partie, tire profit de ce contrat. Notre tiers aura-t-il action contre la société ? L'article 1864 répond : « La stipulation que l'obligation est contractée pour le compte de la société, ne lie que l'associe contractant et non les autres, à moins

(1) Voir page 36, où nous avons signalé la tendance de la doctrine à admettre l'action *de in rem verso* sous l'article 1864, tandis qu'elle la négligeait dans les hypothèses les plus pratiques.

que ceux-ci ne lui aient donné pouvoir, ou que la chose n'ait tourné au profit de la société. »

Ce texte vise deux hypothèses qu'il faut distinguer :

1° L'associé ayant déclaré contracter pour le compte de la société, était muni d'un pouvoir. La *versio in rem* n'a rien à voir ici, et si, comme le décide le texte, la société est liée, c'est en vertu des règles du mandat (1) (2).

2° L'associé ayant déclaré contracter pour le compte de la société, celle-ci a retiré un profit de l'opération. Il y a *in rem versum*. — La société est-elle liée ? La controverse relative à notre action se présente.

L'article 1864 liant la société en vertu de son enrichissement, suppose que l'associé a déclaré contracter pour le compte de la société. Que décider lorsque l'associé aura simplement contracté en son nom personnel ? Faut-il refuser au tiers le droit de poursuivre directement les coassociés enrichis, ou bien est-il possible de leur accorder l'action *de in rem verso*.

Cette dernière opinion compte pour elle l'autorité

---

(1) Il n'y a donc pas à s'inquiéter du profit que la société aura pu retirer de l'opération.

(2) Si l'associé a dépassé les limites de son pouvoir, nous tombons dans la deuxième hypothèse.

de Merlin, de Duranton et de Duvergier (1), qui la justifie en ces termes : « Si les associés sont liés envers les tiers par l'engagement de leur coassocié, ce n'est point parce que celui-ci a déclaré qu'il agissait pour le compte de la société, mais bien parce que la société a profité de l'engagement, et qu'elle est toujours censée avoir donné pouvoir de l'enrichir. Ne serait-il pas singulier que la société fut tenue différemment envers les tiers, selon le langage qu'aurait employé en contractant un de ses membres qui n'avait pas le pouvoir de l'obliger. » Dans tous les cas, le tiers jouira donc de l'action *de in rem verso* (2).

C'est ce que n'admettent pas la majorité de la doctrine et la jurisprudence : « Les règles de la *versio in rem* sont étrangères à cette hypothèse, où le tiers a suivi la foi de l'associé avec lequel il a traité, et contre lequel il jouit d'une action juridiquement efficace... Si l'associé a versé dans le fonds commun ou employé à des opérations sociales les valeurs qu'il a reçues du tiers créancier, ce sera toujours dans l'alternative suivante : Ou bien il n'aura fait que rem-

---

(1) Merlin, *Quest. de Droit*, Vº Sociétés, § II.

    Duranton, tome XVII, § 448.

    Duvergier, tome XX, § 404.

(2) Dans ce même sens : Zachariæ, 1ʳᵉ édit., tome III, § 383 et note 5.

    Arntz, *Cours de Droit civil français*, 2ᵉ édit., tome IV, § 1308.

plir une obligation à laquelle il était soumis envers ses associés, et alors on ne peut pas dire qu'il y ait eu *versio in rem* (Sirey, 35, 1, 854). Ou bien l'emploi de ces valeurs l'aura constitué créancier de ses associés, et dans ce cas, le tiers jouira contre ces derniers de l'action indirecte ouverte par l'article 1166, action dont l'effet restera cependant subordonné aux résultats de la liquidation de la société (1). »

Cet argument n'est pas à lui seul décisif, car l'action de l'article 1166 sera le plus souvent paralysée soit par la compensation que les associés opposeront de ce que leur coassocié leur doit, soit par les exceptions personnelles à cet associé, soit enfin par le concours que le tiers devra subir de tous les créanciers de l'associé, tandis que l'action *de in rem verso* compète au tiers en son nom propre, mais la théorie qu'il tend à faire prévaloir s'appuie encore sur cette considération que le législateur a reproduit dans l'article 1864 l'opinion de Pothier (2), et que la forme qu'il a donnée à sa disposition paraît exclure la solution adverse par ses termes nettement restrictifs.

Le raisonnement de Duvergier que nous avons

____

(1) Aubry et Rau, 4º édit., tome IV, § 383, p. 564 et note 2.

Dans le même sens : Baudry Lacantinerie et Wahl, *Société, Prêt et Dépôt*, § 334, page 195.

Guillouard, *Contrat de Société*, § 265, page 234.

(2) *Société*, tome VI, § 105.

reproduit, nous paraît exact en principe, *sed lex statuit* (1).

Quelle que soit l'opinion adoptée, action *de in rem verso* pure et simple, ou soumise à la condition de l'article 1864, elle ne peut être intentée contre chaque associé que jusqu'à concurrence de sa part sociale, et non de sa part virile.

(1) La jurisprudence exige que l'obligation ait été contractée pour le compte de la société. Cass. civ., 16 février 1853.

Dalloz, 53, 1, 47.

APPENDICE

SOCIÉTÉS DE COMMERCE.

Une question absolument du même ordre que celle que nous venons d'examiner se présente en droit commercial.

Il s'agit toujours de savoir si l'action *de in rem verso* compète au tiers qui a contracté avec un associé contre la société et sous quelles conditions.

Ce débat fut soulevé par Merlin sous le régime de l'ordonnance de 1673, et ce jurisconsulte se montra vif partisan de notre action (1). Aujourd'hui la difficulté semble bien résolue.

Le tiers, qui a contracté avec un associé gérant, jouit d'une action contre la société quand cet associé a signé de la signature sociale (art. 22, Code de commerce).

Il en est de même quand cet associé gérant a

______

(1) Voir page 35.

simplement agi au nom et dans l'intérèt de la société (1).

Quand le tiers a contracté avec un associé non gérant, la société sera néanmoins tenue envers ce tiers si elle a profité du contrat et que le coassocié a déclaré contracter au nom de la société (2) (argument art. 1864). (Il en sera encore de même si la société ratifie, même tacitement, le contrat). Enfin quand le tiers a contracté avec un associé non gérant qui agissait uniquement en son nom personnel, la société sera-t-elle tenue *de in rem verso* pour le profit qu'elle aura retiré ?

Oui, disent les partisans de l'action *de in rem verso* : le tiers ayant mis une valeur dans le patrimoine de la société, cette dernière s'enrichirait à son détriment si elle n'était pas tenue à restitution (3).

Cette argumentation n'a pas prévalu, et la jurisprudence et la doctrine sont entièrement d'accord pour repousser ici l'action *de in rem verso*.

Les raisons invoquées sont les suivantes : le tiers jouit de l'action oblique contre son co-contractant.

---

(1) Sic Boistel, *Précis de Droit commercial*, 3e édit., p. 144.
 Lyon-Caen et Renault, *Traité de Droit commercial*, 2e édit., tome II, p. 201.
Id. Dalloz, 1850, 1, 86.
(2) Sic Dalloz, 1852, 1, 109.
(3) V. les auteurs cités à la note précédente.
 Adde, Troplong, *Sociétés*, § 773.
 Massé, *Droit commercial*, t. 5, no 56.

Cet argument n'est guère probant ; nous avons déjà remarqué, en effet, précédemment le peu de ressources qu'offrait l'action de l'article 1166, soumettant le demandeur au concours des créanciers du débiteur, et exposant le même demandeur aux exceptions personnelles au débiteur.

Un créancier, ajoute-t-on, n'a d'action que contre la personne qui s'est obligée envers lui.

Cela nous paraît fort contestable, et il ressort au contraire de tout ce qui précède qu'un enrichissement injuste fait naître une obligation en dehors de tout contrat.

Aussi l'argument de l'article 1864 Code civil nous paraît-il le seul vraiment décisif pour expliquer les décisions des auteurs sur la question (1).

______

(1) Le Droit commercial présente une autre application de l'action *de in rem verso* en matière d'avaries communes.

D'après MM. Lyon-Caen et Renault, l'obligation de contribuer aux avaries communes dérive du principe général d'équité selon lequel nul ne doit s'enrichir au préjudice d'autrui, de telle façon que cette obligation est quasi-contractuelle, op. cit., tome VI, § 870.

C'est donc l'action *de in rem verso* qui sanctionne cette obligation et qui appartient au propriétaire des marchandises sacrifiées, contre le capitaine, et directement contre les propriétaires des marchandises sauvées. Il en serait de même au cas d'avaries communes sur terre.

CHAPITRE V

DROIT COMPARÉ.

—

L'admission de la *versio in rem* en droit français, se heurte à des défiances dont nous avons déjà dit un mot. Reconnaitre l'existence d'un principe aussi vague que celui qui défend de s'enrichir au détriment d'autrui, n'est-ce pas ouvrir la porte à d'innombrables revendications dépourvues de toute base juridique ?

Pour dissiper ces craintes, une raison, parmi beaucoup d'autres, peut être tirée de la présence de notre règle dans quelques législations étrangères. Nous n'en envisagerons que deux, celle de l'Allemagne et celle de la Suisse, toutes deux fort récentes, et qui ont expressément formulé ce que nous appelons l'action *de in rem verso*.

Dans le Code fédéral des obligations (1), le cha-

(1) Du 14 juin 1881. Exécutoire à partir du 1er janvier 1883.

pitre III est intitulé : « Des obligations résultant d'un enrichissement illégitime. » Et l'article 70 pose immédiatement la règle : « Celui qui, sans cause lé-gitime, s'est enrichi aux dépens d'autrui, est tenu à restitution. »

C'est bien le texte célèbre de Justinien que le Code fédéral reproduit sans l'accompagner d'aucune condition.

Les articles suivants concernent ce que nous ap-pelons le payement de l'indû, et leurs dispositions rappellent celle du Code civil français (1).

Mais que devient la gestion d'affaires?

Le Code fédéral s'en occupe fort peu. Dans les ar-ticles 36 et suivants, (Des contrats conclus par repré-sentants), il se contente de dire qu'elle peut devenir mandat si elle est ratifiée, et l'article 49 ajoute : « Dans tous les cas, il est loisible d'intenter une ac-tion pour cause d'enrichissement illégitime. »

Cette exclusion a sans doute pour but de proscrire l'extension abusive qui est trop souvent donnée à la gestion d'affaires, néanmoins elle nous paraît exces-sive. Celui qui gère volontairement le patrimoine juridique d'autrui, d'un absent par exemple, mérite les faveurs particulières que le Code français lui ac-corde.

La gestion d'affaires et l'enrichissement sans cause

______

(1) Articles 1376 à 1382.

doivent être distingués. Ils le sont dans le nouveau Code civil allemand.

Ses principes sur la question qui nous occupe, nous sont indiqués en ces termes par M. Saleilles :
« . . . . . l'importante matière de l'enrichissement sans cause, sous laquelle se dissimulent, revêtus de noms allemands, les anciennes *condictiones* du droit romain (1), acquiert dans le projet une importance considérable, puisque la plupart des titres d'acquisition, en matière de droit tant réels que personnels, ont le caractère de contrats réels qui produisent leur effet indépendamment de toute cause préexistante, et ne laissent, au cas de défaut de cause, à l'ancien titulaire dépossédé, qu'une action personnelle reproduite des anciennes *condictiones*, et fondée sur l'enrichissement irrégulier..... § 341. Le principe qui domine la matière est que tout enrichissement, dépourvu de cause juridique, donne naissance, au profit de celui aux dépens de qui il a eu lieu, à une obligation de restituer ce qu'il en reste.

Il ne suffit pas de dire, comme on l'a fait quelquefois, que personne ne doit s'enrichir aux dépens d'autrui ; cette formule laisse de côté l'une des conditions d'existence de l'obligation, car celle-ci sup-

______

(1) Essai d'une théorie générale de l'obligation d'après le projet du Code civil allemand, 1890, page 405 et suiv., § 340.

pose à la fois les deux faits suivants : un enrichissement, et le défaut de cause. Cette théorie diffère
également de celle de la *versio in rem* dont il est
question dans le Code prussien (1); elle se caracté-
rise, comme nous venons de le voir, par le fait d'un
enrichissement obtenu aux dépens d'autrui, et que
ne justifie aucune cause légitime d'acquisition. »

Ces principes ont été formulés dans le Code civil
allemand (2), au titre XXIV intitulé : « De l'enrichissement indû », par l'article 812 : « Celui qui, soit
par la prestation faite par autrui, soit de toute autre
manière, a reçu au préjudice de celui-ci une chose à
laquelle il n'avait pas droit, doit la restituer. Cette

(1) Les dispositions du Code prussien sur notre sujet étaient les
suivantes :

Tome Ier, 1e partie, titre XIII, 2e section. — De la gestion.

Art. 230. — ..... Personne n'est autorisé à s'approprier sans un
droit particulier, les avantages qui proviennent des choses ou des
actes d'autrui et à s'enrichir au détriment d'un autre.

2e partie. — De l'emploi utile.

Art. 262. — Celui des biens duquel il a été employé quelque
chose pour l'utilité d'autrui, est en droit de réclamer soit la chose
en nature soit sa valeur.

Art. 273. — Dans la règle, il suffit, pour fonder l'obligation de
restituer, qu'il y ait eu amélioration par l'emploi de la chose, quoique cette amélioration soit ensuite venue à se perdre.

Art. 274. — Il n'en est pas ainsi pour une personne inhabile.

(Code général pour les États prussiens traduit par les membres
du bureau de législation étrangère et publié par ordre du minis-
tre de la justice).

(2) Code civil allemand.

Traduction Raoul de la Grasserie.

obligation subsiste, même lorsque la cause légale disparaît seulement plus tard, ou que les effets visés par la prestation conformément au contrat n'ont pas eu lieu.

Il faut considérer comme une prestation la reconnaissance, faite par le contrat, de l'existence ou de la non existence d'une dette. »

Ce n'est donc pas seulement la répétition de l'indû qui est visée : Celui qui, par le fait d'autrui, a reçu de quelque manière que ce soit, au préjudice de celui-ci, une chose à laquelle il n'avait pas droit, est tenu de la restituer. « Cette formule très compréhensive, dit en note le traducteur, ajoute, ce qui est très remarquable, qu'une prestation n'est pas nécessaire pour y donner ouverture, mais qu'une simple obligation contractuelle suffit (1). »

Quant à la gestion d'affaires, elle se règle, comme dans le Code fédéral, par des renvois tantôt à l'enrichissement indû, tantôt au mandat. Mais ses diverses hypothèses en sont plus soigneusement prévues, et l'application des règles du mandat plus fréquemment accordée.

(1) On peut imaginer, par exemple, l'hypothèse suivante : Primus, par erreur, croit que Secundus ne lui doit rien et consent à le déclarer contractuellement. — Sa déclaration est erronée.

Secundus ne reçoit aucune prestation de Primus. Cependant il s'enrichirait injustement à son préjudice s'il gardait ce qu'il lui doit — il y a là quelque chose de plus que dans nos articles 1376-1377.

Ainsi l'article 679, déclarant qu' « il n'y a pas lieu de tenir compte de la volonté du maître opposée à la gestion, si, sans cette gestion, un devoir du maître existant dans l'intérêt public ou une dette alimentaire du même n'auraient pas été exécutés à temps », assimile cette hypothèse à celle du mandat (1).

Article 683 : « Si l'entreprise de la gestion d'affaires est conforme à l'intérêt et à la volonté réelle ou probable du maître, le gérant, aussi bien qu'un mandataire, peut demander la bonification de ses dépenses. Dans le cas de l'article 679, ce droit appartient au gérant, même si l'entreprise demandée est contraire à la volonté du maître. »

Le même droit appartiendra au gérant au cas de ratification (art. 684).

L'article 685 pose une règle fort sévère : « Le gérant d'affaires n'a plus aucun droit, s'il n'avait pas l'intention d'être indemnisé par le maître (2). »

De même l'article 686 : « Lorsque le gérant d'affaires s'est trompé sur la personne du maître, le maître véritable n'acquiert aucun droit, ni n'est soumis à aucune obligation en raison de la gestion. »

Mais l'article 867 atténue ces dispositions rigou-

---

(1) Cette solution met fin au débat que nous avons signalé en droit français. Voir page 132.

(2) Cette décision coupe court à ces longues dissertations que connait le droit français sur la question de savoir s'il y a présomption de libéralité.

reuses : « Les dispositions des articles 677 à 686 ne sont pas applicables lorsque quelqu'un gère les affaires d'autrui, croyant qu'il s'agit des siennes propres. Si quelqu'un traite une affaire étrangère comme la sienne propre, quoiqu'il sache qu'il n'y est pas autorisé, le maître peut faire valoir les droits qui résultent des articles 677, 678, 681 et 682. S'il le fait, il est obligé envers le gérant conformément à l'article 684, § 1er. »

On voit donc que toutes les hypothèses de gestion d'affaires anormale que nous avons précédemment examinées en droit français et qui avaient donné lieu à d'interminables controverses chez les anciens interprètes sont entièrement résolues par ces dispositions précises du nouveau Code civil allemand, et cela dans un sens nettement conforme à notre action *de in rem verso*, c'est-à-dire à l'équité.

L'enrichissement indû prend la place qu'il mérite en droit, et que nous sommes obligés, en Code civil français, de lui accorder par voie d'interprétation analogique.

CONCLUSION

—

Il existe donc en droit civil français une action appelée *de in rem verso*, qui sanctionne la règle de droit naturel, « Nul ne doit s'enrichir injustement aux dépens d'autrui. » L'intérêt que présente cette action peut être envisagé théoriquement et pratiquement.

Pratiquement, parce qu'elle permet de donner la solution qu'exige l'équité dans des cas qui échappent à la loi écrite.

Ces hypothèses ne sont pas aussi nombreuses qu'il paraîtrait d'abord, parce que le Code a expressément prévu beaucoup d'applications particulières de notre principe, et qu'il est alors inutile de parler d'action *de in rem verso*, puisqu'il suffit d'invoquer la disposition formelle de la loi, et ensuite parce qu'on a pris l'habitude, en jurisprudence surtout, de résoudre les cas d'enrichissement sans cause par des emprunts aux théories juridiques voisines. Nous en avons vu l'exemple pour la gestion d'affaires.

C'est ce qui donne précisément un grand intérêt théorique à l'action *de in rem verso.* Son admission maintient dans leurs limites naturelles les notions connexes, qui ne sauraient trop s'étendre sans devenir absolument artificielles.

Le moment est sans doute encore fort éloigné où l'on songera à inscrire dans nos lois qu'il est défendu de s'enrichir injustement aux dépens d'autrui. Le législateur de l'avenir trouvera devant lui des modèles dans les Codes étrangers dont nous avons signalé les dispositions.

En attendant cette révision du Code civil, la doctrine et la jurisprudence peuvent et doivent donner à l'action *de in rem verso* la place qui lui revient.

Vu :

Le Président de la thèse,
A. BOISTEL.

Vu

par le Doyen,
GLASSON.

Vu et permis d'imprimer :
Le Vice-Recteur de l'Académie de Paris,
GRÉARD.

TABLE DES MATIÈRES

TROISIÈME PARTIE

ÉTUDE DES PRINCIPALES APPLICATIONS DE L'ACTION " DE IN REM VERSO "

Grande Imprimerie de Blois, 2, rue Haute. — 5036.

GRANDE IMPRIMERIE DE BLOIS, 2, RUE HAUTE. X 5026

9 782014 088304